仏教は日本にふさわしい宗教か

外村 直彦 著

朝日出版社

〈目　次〉

第1章

仏教への疑問

般若心経とは何か

般若心経は仏教で昔から一番よく知られているお経のひとつである。今でも写経と称して全文を筆書きする風習が一般にみられる。このお経は短く、書き写すに手頃ということがあるのだが、ただ写すだけであって、その意味を知っているひとはどれほどいるだろうか。その中身を知れば、実に仰天するほどの代物であるのがわかる。まず全文を掲げて、簡易な文章に直し、その意味を記してみよう。

観自在菩薩、深般若波羅蜜多を行ずるとき、五蘊《うん》は皆空なりと照見して、一切の苦厄を度したもう。舎利子よ、色は空に異ならず、空は色に異ならず、色は即ち是空なり、空は即ちこれ色なり。受・想・行・識もまたかくのごとし。舎利子よ、この諸法は空相なり。不生にして不滅、不垢にして不浄、不増にして不減なり。この故に、空のなかには色もなく、受・想・行・識もなく、眼・耳・鼻・舌・身・意もなく、色・声・香・味・触・法もなく、眼界もなく、ないし、意識界もなく、無明もなく、また無明の尽くることもなく、ないし、老死もなく、また老死の尽くることもない。苦・集・滅・道もなし。智もなく、また得もなし。無所得を以ってのゆえに、菩提薩埵《さった》は般若波羅蜜多に依るが故に、心に罣礙《けいげ》なし。罣《けい》礙《げ》なきがゆえに恐怖あることなし。一切の顛倒夢想を遠離して、究竟涅槃す。三世の諸仏も、般若波羅蜜多に依るがゆえに、阿耨多羅三藐三《あのくだらみゃく》菩提を得たもう。故に知る、般若波羅蜜多は、これ大神呪なり。これ大明呪なり。これ無上呪なり。これ無等等呪なり。よく一切の苦を除く。真実にして虚しからず。故に般若波羅蜜多の呪を説く。即ち呪を説いて曰く、掲諦《ぎゃてい》、掲諦、波羅掲諦、波羅僧掲諦、菩《ぼ》薩婆訶《じそわか》般若心經。

観自在菩薩は深い般若の波羅蜜多の行をしていたとき、五蘊（物と心の集まり）はすべて空（虚）だと照見された。舎利弗よ、この世において、色（形あるもの）はみな虚ろであって、虚ろが色・形となっている。色・形のほかに空（虚）ということはなく、空（虚）のほかに色・形はない。なさけも思いもはからいも心もまたそんなものだ。舎利弗よ、この世においてはすべてのものは空虚がとった相なのだ。生じることもなく、消えることもなく、汚れることもなく、浄まることもなく、減ることも増えることもない。

舎利弗よ、それゆえに、空虚のなかに色形のあるものはなく、なさけも思いもはからいも心もありはしない。目も耳も鼻も舌も身体も意識もなく、色も声も香りも味も触りも考えもありはしない。眼に見るところもなく、意識にあがるものもない。無明もないし、無明の終わることもなく、老いも死もなく、老いと死の尽きることもない。悩みも迷いも悟りも教えもなく、知恵もなく、得ることもない。およそ得ることがないから、菩提薩埵《さった》は般若（知恵）の波羅蜜多（きわまり）をよりどころにして、心にこだわりがない。心にこだわりがないから、恐怖心がなく、迷いを遠く離れて悟り（涅槃）をきわめ尽くしているのだ。三世に住む一切の仏もまた、般若の波羅蜜多をよりどころにして無上の悟りの位を得られた。

それだからしてまさに知るべきだ。般若（知恵）の波羅蜜多（きわまり）は大神呪だ。まことあきらけき大神呪、これ以上はない祈り、類いなき真の呪文である。それは一切の苦をよく除くものであって、真実で虚しくない。それゆえに般若の波羅蜜多の呪いを説くのだ。歩んでは、進んでは、かの岸へ到る。菩提（人の世の目覚め）はやがて彼岸に到る、と。

何を言っているのかといえば、要するに、色即是空説である。色即是空、空即是色とは、存在が空無だということ、逆に空無が存在そのものだということである。受想行識も色・音・香・触・味も、老死も、苦集滅道も、世界の要するになにもかもが空っぽで実体がない、影法師や水泡のようなものにすぎないといっているのである。それをしかと悟った最上の知恵をもって、われわれも諸仏にならって、この意味のない世界を去って彼岸に渡り着こうではないか、というのである。

われわれ日本人からするとまことふざけた妄言である。言葉が真実の響きをもつためには、土壌がいる。日本はそんな土壌ではない。天地晴朗の、山紫水明の大地である。大地を呪い殺そうとするこんな言葉のどこにいったい真実があろうか。この素晴らしい天空と大地のもとに暮らすものにとっては、天に唾する許しがたい暴言である。

しかしそれは日本についていえることであって、こんなそら恐ろしい言葉が凄まじい迫力で語りつづけられることには、それにかなった土地と人間がいるからだろう。

般若心経は西暦紀元前後にできたお経だという。西暦前五世紀に活動した仏教開祖のゴータマ・ブッダの教えに忠実ないわゆる小乗仏教とは別の教えであり、西暦紀元後にあらわれた大乗仏教の諸経典の嚆矢となったとされる経典である。大乗の諸経典とは法華経・華厳経・浄土経などである。そうした大乗仏典を読むと、それらにも般若心経の思想は見えるし、源流のゴータマ・ブッダの思想にもそれらしい考えが見いだされる。つまり般若心経はインドという風土の所産なのだ。だからその土地の人には自然に受け入れられるのだろう。

では仏教の開祖ゴータマ・ブッダの考えはどうだったのかをみてみよう。

ゴータマ・ブッダの思想

ゴータマは西暦紀元前四五〇年ごろの生まれで、ガンジス河の中流の地方を遍歴し遊説し、四十五年間教えを説きつづけた人である。当時のインドには唯物論のアジタ、快楽説のプーラナ、不殺生を説くマハーヴィーラなど、六十余の思想家が輩出していたが、ブッダもそのうちの一人である。多くの弟子があり、雨季には一定の場所にとどまり、瞑想を行い、乾季には諸所をまわり遊説した。ブッダの死後弟子たちが何度も会合を開いて彼がいった言葉を想起し選定した。それを口承で伝えてきたものの集大成が阿含経典である。それは大乗仏教が起こる以前の四、五百年間にできた唯一の経典である。

この経典によってゴータマの思想をみてみよう。ゴータマの思想はきわめて単純明快である。それは苦の克服である。人生は生老病死の苦しみにつきまとわれている。苦の原因を知り、克服する道、彼はただそれだけをさがし求めた。それ以外は何もしなかった。苦しみはどうしたら免れうるか、それだけに集中した。

ゴータマの思考ははなはだ理知的で分析的である。

彼はこう考えた。五蘊《うん》といって色（身体）・受（感覚）・想（表象）・行（意志）・識（意識）という人間の身体と精神の五つの構成要素がある。それらがはたらくことで執着が生じる。執着が生じると苦しみが生じる。執着を離れると苦しみがなくなる。苦しみがなくなると自己浄化がなされる。執着を離れることで自己がなくなり、生の苦悩がなくなり、死の恐怖もなくなる。

また彼はこういう。六根ないし六処といって眼・耳・鼻・舌・身・意（観念）が執着のもとである。眼でじっと見ていると、美しく愛らしく愛着の念が沸いてくる。苦しみが集まるゆえんである。これはいけないと目を離すと、愛着の念が減ってくる。苦しみが減却するゆえんである。耳、鼻、舌その他についても同じことで、そこにとどまると愛着が生じ、離れると滅却する。現実の生活はこうしてすべて個人の欲望が作り出した我執の虚構である。我執を砕くと世界は崩れ落ち、ありのままの世界が現れてくる。これが目ざすべき寂静の世界である。

世界には明確な実体なるものは存在しない。この世のすべては無数の原因や条件で織りなされたもの、要するに縁起の産物、相互依存の関係にすぎない。幻、影法師、水泡のように空しく現われては消えてゆくだけのものである。そのことをわきまえて五蘊や六根を離れなさい。そうすれば生死をくりかえす有為のこの迷いと不安の世から永遠の自由で解放された無為の寂静の涅槃に住むことができる。「諸行はすべて無常にして、消滅をその本質とする。生じては滅するなり。その静まれることこそ楽しけれ」。

これがブッダの説いた教えの要点である。苦だけが問題であって、肉体とか霊魂とか、世界の有限とか無限とかは問題にしなかった。世界が無常であり、本体がなく、幻、影法師、水泡などにひとしいとされていることは後の般若心経の強調する空の思想へ接続する。

阿含経には、ブッダが弟子に教えて、「すべからく行住坐臥の慎みを修することに専念せよ。昼と夕方は経行（ゆっくり歩くこと）と座禅によって心を清らかにせよ。夜中は右脇を下にして獅子のごとく臥すがよい。すべからく樹下や、山の斜面や、洞窟や、山谷や、墓地や叢林や藁積みなど、人里離れた空閑処をえらび、托鉢より帰って食をおえたならば、そこで結跏趺坐し、身を正して座すがよい」とある。

南伝と北伝

ブッダが亡くなった後、その教えを正しく伝えようと弟子たちが集まって何度か会合を開いた。それが阿含経といわれる経典群のもとである。それを奉じる修行者に声聞《しょうもん》（教えを聞いて修行するもの）と独覚（ひとりで悟りにいたろうとするもの）とがあり、それがいわゆる小乗仏教として東南アジアに広まった。これを南伝仏教という。紀元一、二世紀になると、修行者だけの救いにとどまらず、大衆の救済を主眼にするいわゆる大乗仏教が起こり、般若経、法華経、華厳経など種々の大乗経典が作られた。それがシナへ伝わり、さらに朝鮮をへて日本へ六世紀半ばに伝えられた。これが北伝仏教である。日本はもっぱら北伝仏教の国であり、南伝仏教の存在はようやく明治以後になって知識人のあいだで知られるようになった。

阿含経は仏教の原点であるが、シナでは軽視されつづけ、六世紀の天台大師智顗は仏典をブッダが華厳経（第一時）、阿含経（第二時）、維摩経・勝鬘経（第三時）、般若経（第四時）、法華経・涅槃経（第五時）の順で説法したという五時の考えを出している。そこでは阿含経は華厳経を平易にしてわかりやすく説いた、ただそれだけのものとされた。江戸時代の富永仲基（一七一五〜一七四六）は『出定後語』を著して、阿含経が最初であり、その上に積み上げられたのがその他の経典だとする加上説と呼ばれる新説を打ち出した。それは近代の西洋人による原始仏教の開拓に先立つこと百年も前の日本人の独創であった。

仏教の諸経典をみる

般若経のほかの目ぼしいお経（法華経、華厳経、維摩経、大無量寿経）にもざっと目を通しておこう。

法華経

法華経は筋道立った物語ではなく、ブッダを囲んで菩薩（悟りを求める修行者）、出家僧、尼僧、男女の在家信者が座り、そのうちの何人かの菩薩が立ち上がってブッダに話しかけ、それに答えてブッダが説法するという話の連続でできている。ブッダのいうところをまとめると、虚妄の教えに惑い、無知と我執によって苦しむ人々を救い出して永遠の平安へ導こうとし、まだ向こう岸に渡っていないものを渡らせ、まだ悟っていないものを悟らせようと志し、一切の存在は空であり、無常であり、起こることも消えることもない、という信念を表明する。また、仏道に精進し、清浄行に励み、静かなところに住んで座禅瞑想せよ、と勧める。この言葉に聞くものすべては歓喜雀躍して、身も心も快く、未曾有の思いに浸った。

この法華経は経中の王であり、そのなかの一句でも聞いて喜ぶなら、あるいは書き写すなら、あるいは花や香水で供養するなら、その人の功徳は無辺であるともいう。また、声聞道も独覚道も新しい菩薩道もみな一つの教えにほかならない、ともいう。説話が終わるたびに国土は鳴動し、花の雨がそそぎ、妙なる音楽が響き渡る、という具合に話が進んでゆく。

そうした内容なのだが、法華経があらゆる経のうちで最勝第一等だとくりかえしいうのはどうしたことか。なにも自画自賛するほどのことでもないのにと思う。火事から子供に玩具を与えるといって逃げさせる話にしても、あるいは長年放浪して帰って来た息子に財産を遺贈するというこれも有名な長者の話にしても、別段上出来の譬え話とは思えない。

華厳経

法華経と同じく筋道のある物語ではなく、いろんな説法の集合である。ブッダを中にして天子、天女、無数の菩薩が座っているなかで、文殊菩薩、普賢菩薩などが立ち上がり、ブッダの悟りの世界を称え、同席の人々に話しかけるという設定になっている。「仏の説きたまう真理ははなはだ深く、色も形もなく、空寂である」。「衆生は煩悩の赴くままに、五欲に酔いしれ、妄想に苦しめられている。仏は衆生の苦悩をことごとく断ち切り、世界の超越者となっている」。「一切の五欲はことごとく無常である。虚妄なること幻や陽炎や水中の月のごとくであり、夢や浮雲と同じである。汝らはつねに真実の清浄な菩薩行を求めよ」。「衆生は愚痴に覆われ、煩悩につきまとわれ、常に生死の苦海にさまよっている。自分たちは諸仏の学びたもうたことをことごとく学び、衆生のさとりのために努力しよう」などといった言葉がつらなっている。

長い説法のあと十方の世界が震動して、天から花の雨や宝の雨が降りそそぎ、天上の楽の音が聞こえてくるようになっているのは法華経と同じである。

般若経のいう空の思想がここにもはっきりみえる。しかし空ならば、なぜ真理とか努力とか涅槃とかがいわれるのか、そんなものは一切ないはずではないか、といった疑問がつきまとう。「菩薩は禅定に執着せず、寂静に執着せず、深い真理に入ることに執着せず、衆生を教え導き、その徳を成就させることに執着しない」などといった理解不能の言葉がでてくるのも同じ根からだろう。法華経にしろ華厳経にしろ、くどくどしい冗漫な話ばかりで退屈なことおびただしい。よくこれでみんな批判しないものだ。現代の知性で圧縮してコンパクトなお経に仕立て直したらどうか。

維摩《ゆいま》経

法華経や華厳経がハレルヤコーラスの連続であるのとちがって、この維摩経は地上の一人物を主役にした一応筋道の通った物語である。主人公の維摩はヴァイシャリーという町の資産家で、有徳篤信のゆえに町中の信望をえている。この人が病気になったというので、ブッダはシャーリプトラ、スプーティ、アーナンダほかの修行者をつぎつぎに彼のもとへ見舞いにやらせようとするが、だれもがむかし維摩にこっぴどくやりこめられたことがあったといって断る。しまいに文殊菩薩がそれに応じて出かけていって、維摩と哲学的な長い議論をする、というのがこの経の中身である。

衆生の救済を個人の救済よりも重んじる大乗仏教の考えはこの経の随所にみられる。

「煩悩、妄執、貪り、怒り、悩みはすべて仏となる種である」

「煩悩の泥の中にいる衆生が仏たるべき特性をもっている」

「諸仏の国土および衆生が空であることを知っているけれども、つねに浄土の行を修して、生きとし生けるものを教化する」

「栄誉や恥辱を受けても、心が喜んだり憂えたりすることがない。汚れから遠ざかり離れるという楽しみを受けても、自らを尊しとしない」

「ひとの楽しみを喜び、もろもろの禅定のなかにいてまるで地獄のように思い、生死の中にいてもまるで庭園にいるように思い、破戒のひとを見ては救い守ろうという思いを起こす」

なるほどと頷ける言葉の数々だが、肝心かなめの空にかかわるところとなると、あいかわらずわけがわからなくなる。「我と涅槃とは等しい。なぜなら我と涅槃とはともに空だからだ。なぜ空かといえば、この二つがただ名前に過ぎないからだ。」「何物も生じない。我もなく、生ける存在もない、と考えよ」。

そうした不可解に加えて、この経典にもほかの経典にもよく出てくる神通というのがまたわからない。維摩は神通が得意で、香しい国土をたちまち出現させたとか、九百万の菩薩を遠い仏国から招きよせて自分の家にその人数分の座をたちまち設けたとか、食べるものの尽きることがないなどの話がある。ブッダ自身にも、眉間から大光明を発して、一万八千の国土を照らしたとか、巨大な塔を湧出させたとか、いろいろある。この神通とはいったい何なのか、誰も問題にしないが、手品ではなく、かといってただの文飾ともみえないから、なにか相応の現実がありそうで、もし実際そうなら、インド人は今でもそれらしいことを見せてもよかろうと思うのだが、そんなことは聞いたことがない。するとただの飾りの空想になるが、それにしてはくりかえし出てくる上に大仕掛けだから、不可解である。

大無量寿経

大無量寿経（または無量寿経）はブッダが幾人かの菩薩にむかって話すことを内容にしたお経である。ブッダの言葉はダルマーカラ菩薩への称賛に終始する。

ブッダはいう。ダルマーカラは自分の前で菩薩としてもろもろの実践をして救済者になろうという誓いをたて、四十八の願いを申し出た。

その願いとは、「もしも私の仏の国に地獄に落ちるもの、動物に生まれ変わるものがあるのなら、そのあいだは私に悟りがないようにしてください」、「もしも私の国で天人と人間のあいだを区別したり、美醜の差別をつけることがあるならば、私にこの上ない悟りはないようにしてください」などといった類いである。なかには、「私の名前を聞いて、聞いた功徳によって寿命が尽きた後に尊貴の家に生まれることがないのなら、そのあいだはこの上ない悟りをえることがないようにしてください」とか、「もし女性たちが私の名前を聞いて、清らかな心を生じて、女の性を厭うたとして、次の世に再び女性に生まれることがあるならば、そのあいだは私が正しい悟りを得ることがないようにしてください」といった、今のわれわれにはパワハラとかセクハラに聞こえる変な願いもまじっている。その第十八願、第十九願には「浄土に生まれたいという願いを起こすことが十度にすぎないにしても、仏の国に生まれないということがあるのなら、そのあいだは私に正しい悟りがないようにしてください」、「正しい悟りを得たいと願うものの臨終の際に、わたしが修行者たちとともにその人の前に立つことがないのなら、その間は私が正しく悟ることがないようにしてください」とあり、この誓願が唐初の善導によって称揚され、日本の法然によって引き継がれて日本浄土宗開山の基となった。

ブッダはつづけて、ダルマーカラは四十八の大誓願を立ておわってから、ひたすら無量の徳行を重ねてこの上ない国土の建設に専心した。そして今ダルマーカラは阿弥陀如来としてその国におられる、と告げる。その国は七つの宝石でできたさまざまな樹木が生いしげり、ときおり清風が吹くと、光りまばゆい宝石の木は五種の妙なる音楽を奏でる。その池で水浴すると、身心ともに晴れ晴れとして、喜びにあふれ、こころの汚れは流れ去る。水は清く澄み、底の宝石の砂が光り輝いている。この仏の国に生まれたいと思う人はだれでも、死期が迫ったとき、仏が多くの修行者に囲まれて現れその前に立たれるだろう。心は安らいで、極楽浄土に生まれるだろう。ブッダはさらにことばをついで、将来この世で仏の教えが滅びてしまうことがあっても、私は慈悲の心でもって人びとをあわれみ、特にこの教えだけをこの世にとどめることこれから百年たらしめよう、といわれた。

インド旅行の印象

般若心経からはじめて、ゴータマ・ブッダの所説をかいま見、さらにいくつかの主な仏典の内容もみてきた。そうみてくると、仏教というのは、開祖のはじめからして一貫して現世界を嫌悪否定し、離れよ、と勧める宗教だということになる。小乗仏教も大乗仏教も同じ生の否定、世界背反の思想に貫かれている。

それが人の心に訴えてきたのなら、どうしてもインドという土地の自然環境に注目せざるをえない。平成元年の春にガンジス河周辺地域に小旅行をした私のわずかな印象をいえば、野も畑も部落も広漠としていて、ひどく蒸し暑く、乾燥した風が吹き荒れていた。ガンジス河畔のベナレスの町では大勢の乞食がたむろして物乞いをしており、河岸におりると、無数の人びとが汚れた水のなかに身体を浸して顔を洗っていた。ガンジス河畔には死人を焼く火が焚かれ、炭火や灰が河に流される光景がみられた。なにかわからない薄汚いものの大きな固まりが浮かんで流れていた。これが聖なるガンジス河かと目をこらしたものである。鉄道の駅のプラットホームに溢れんばかりの多くの男女が横になって寝ているさまにも驚かされた。こんなひどい印象しか受けなかった旅だったが、同行した妻が、こんな土地によく文明が発生したものね、と言っていた。

『世界地理体系インド・南アジア』(1)によると、インドは暑期（三月から六月半ばまで）は快晴の天気の乾燥したひどく暑い日々がつづき、次の雨期（六月半ばから九月半ばまで）になると、猛烈な雨に見舞われて洪水がいたるところに発生する。澄んでいたガンジス河には濁水が渦巻き、溢れ、沿岸一体は水浸しになる。ガンジス平野を汽車で通ると、車窓に広がるのは水また水で、村落は孤立した島のようになる、という。

こうした自然風土のなかでは、すべて存在は空である、虚ろであるという説は通るのかもしれない。しかし、つねに活気に溢れたみずみずしい生命の自然風土に生きるものにとっては、まったく理解できないことである。

第2章

日本仏教の歴史

なぜ日本は仏教を導入したのか

それならどうしてこんな宗教が日本に入ってきて普及することになったのだろうか。

日本書紀の欽明天皇の条（西暦五三八年）に百済の聖明王が使者をよこして仏像一点、経典数点その他を天皇に奉ったと記されている。「この法はもろもろの法のなかでもっとも優れている。悟りがたく、入りがたいものである。この法は福徳果報を生じ、無常の菩提をなす。それゆえにインドから朝鮮にいたるまでこの教えを奉じて尊ばないところはない」と伝えた。それを聞いて天皇は歓喜踊躍して「朕むかしよりこのかた未だ曾てかくのごとき微妙（くわしき）法をきくことを得ず」といって、群臣に「西蕃の奉れる仏の相貌端厳（きらぎら）し。敬うべきや否や」と問うた。蘇我稲目が賛成し、物部尾輿が反対して、以後蘇我氏と物部氏のあいだに周知の争いが起こり、結局蘇我が勝つことになる。

発端は結局、この微妙端厳の宗教に未開の状態にあった日本人が心を揺さぶられたことにあったのだろう。すでにそれより先の古墳時代に、朝鮮半島からの帰化人が種々の生活技術を日本にもたらしていた。織物・染色・鍛冶・製陶などの技術のほか、騎馬技術も帰化人から学んでいる。とくに五世紀から六世紀にかけて千字文や儒教経典を通して漢字と儒教が伝えられ、六世紀には易・暦・医学などの学問も入ってきていた。このように大陸の進んだ技術や学問に天皇はじめ当時の上層社会が圧倒され、それにあわせて仏教も進んでこれを摂取することになったとみられる。それまでの日本の宗教は自然崇拝か氏神信仰であったのが、過去現在未来の三世の思想や輪廻の思想に触れて、人間と世界の理解が拡大深化するのをおぼえたのだろう。

仏教の導入にはそうした文化的な動機のほかに、政治的な動機もあった。当時、日本は中央集権国家を作り、対外的に日本の地位を高めていく必要に迫られていた。その点、仏教は古い部族宗教に代わる普遍的宗教として統一国家を作る上で好都合であった。物部氏との争いに勝った蘇我氏はしだいに勢力をのばし、仏教は皇室と貴族のあいだにひろまった。

七世紀はじめ聖徳太子は仏教の興隆をはかり、『三宝興隆の詔』を発したことをはじめとして、四天王寺、法隆寺など七つの寺を建てた。七世紀後半の天武朝からは、国家的な規模で仏教の儀礼が行われるようになり、寺院体制が整備された。同時に諸地方に国分寺が建立された。八世紀の奈良時代にはいると、僧界にも俗界と同じ位階制が設けられ、仏教僧侶は国家官僚と同列の権力と権威をもつことになった。朝廷は仏事へおしみなく国費を投入した。

当時の仏教は宗教ではなく学問であり、僧侶はその研究をおこなう国家公務員であった。彼らがおこなったのは、修行・苦行によって霊魂の救いをめざすという仕事ではなく、国家の安泰と権力者の息災延命のための加持祈祷であった。国家の安全や人生の息災を祈願することが仕事では、宗教の名に値するかどうか疑問であろう。しかし、実は日本仏教は多かれ少なかれ今日にいたるまでこの現世利益の宗教に終始したといえるのである。

八世紀から九世紀前半にかけて、平安時代初期の最澄や空海の仏教もやはり国家に奉仕する仏教であって、民衆のための宗教ではなかった。彼らは桓武天皇、嵯峨天皇に仕え、もっぱら鎮護国家、五穀豊饒、王体安穏といった現世利益を祈祷する僧侶官僚だった。

日本仏教を支えてきた経済的基盤は荘園にある。初期荘園は奈良時代の八世紀半ばに発生し、朝廷や貴族とならんで寺院も墾田を開いて自分の領地とした。平安時代の九、十世紀になると、貴族社会の上下を左右するのは天皇あるいは摂関家との姻戚関係となり、摂関家には保護を求めて全国から膨大な荘園が寄付され、それがさらに仏教寺院へ寄進された。

貴族社会では仏教行事（涅槃会、華厳会、万灯会、潅仏、文殊会、放生会、御読経、維摩会など）が年中催されていた。貴族の子弟が出家して僧侶になることが広くおこなわれ、子弟は寺院内部で特権的な地位を保証された。

十一、十二世紀の院政期になると、仏教は朝廷の保護下に最盛期を迎えた。白河法皇の一生は「生涯の営み仏事にあらざるなし」とまで言われている。白河・鳥羽両上皇は熊野御幸、高野山御幸を重ね、その巨額の費用を人民に課し、諸寺院には数百カ所に及ぶ荘園を寄進した。寺院勢力は王法をも凌ぐ勢いで全国に及んだ。朝廷や貴族から寄進されて、寺領荘園の数は飛躍的に増大した。当時の寺領荘園は九州で全田地の五十〜六十パーセント、畿内とその周辺では八十〜九十パーセントを占めていたとされる。寺領荘園は外部から干渉できない治外法権の場であった。上級僧侶は高貴な権力者と席をつらね、栄誉に輝き、華美な生活をおくり、各地の荘園に荘官を送り、農民の生活、労働、年貢、公事を管理し、収奪した。

平安時代の十世紀半ばから空也など聖と呼ばれる宗教者の活動が始まっていたが、その流れの中で鎌倉時代にいたって従来の伝統的な諸宗派とは異なる種類の仏教が興った。法然は聖道門（戒律と修行を眼目とする）を退け浄土門（浄土への往生を求める）を選んで専修念仏を唱えた。親鸞は法然の衣鉢を継ぎ、栄西や道元は禅宗を日本にもたらし、日蓮は日蓮宗を興した。いずれもそれまで仏教が顧みなかった庶民民衆のあいだに根をおろした。

十一世紀ごろから仏教勢力の拡大にともなって日本の神を仏教の仏の化身として、仏教を保護する神とみなす本地垂迹説が広く行われるようになった。神道は仏教の体系のなかに吸収され、神社は中央の寺院の支配下におかれ、神官は仏僧より下位におかれ、神社の内陣も仏式に改められた。

鎌倉時代、武士の興隆にともなって、地頭が私領荘園や公領で収益をはかろうとして領家や国司とひんぱんに抗争した。武家と寺院との争いもひんぱんであった。寺院相互の争いも度重なり、寺僧や衆徒が武装して戦いを交え、破壊活動をくりかえした。

近畿地方の諸寺院は北海道と沖縄をのぞいて日本全土にわたって荘園を所有する荘園領主であり、また同時に政治的領主でもあって、領内武士を御恩と奉公の主従制のもとにおき、合戦のさいには軍事力として動員しては、勲功を立てた武士には恩賞を与えていた。十三世紀承久の乱ののちは公家・武家・寺院の三者が国家権力を分掌し、以後十六世紀までその状態がつづいた。

いったい日本中どこにどのぐらいの規模の荘園があって、どれほどの収益をあげていたのか、時代によってどう変わっていったのか、筆者はいろいろ資料をさがしたが、数少ない大寺院の事例はみられても、全国の荘園の実態の統計的な総合調査は、残念ながらまだなされていないようである。

寺院勢力に社会的基盤を与えていたのは、荘園制のほか、知行国の制度である。知行国とは公家や寺院に一国の行政支配の実権を与え、収益を得させる制度である。国司制が崩れていくなかで、十一世紀半ばから公家の子弟を諸国の国司に任命したり、寺院にも国の行政をまかせる慣習が生じ、十一世紀末の院政時代に普及して、十三世紀はじめには全国六十六ケ国のうち三十四ケ国以上が知行国であったとされる。知行国は世襲され、しだいに私領化・荘園化していった。

足利将軍義満や義教は諸寺に参詣を重ね、寺院は富の上に富を重ねた。寺院の経済は荘園や知行国からあがる膨大な収益のほかに、平安時代からはじまっていた金融活動もあり、さらに十四世紀ごろからは各地に成立した商工業の座からも少なからぬ収益があった。

十四世紀の南北朝の内乱をさかいに武士の勢力がのびて、荘園制度は衰え、寺院勢力も衰退に向かった。さらに十五世紀後半の応仁の乱ののちは戦国大名の領国支配と軍事力によって寺院勢力は一途に衰退し、織田信長、豊臣秀吉の全国統一によって没落したとされる。

しかし、江戸時代になると、徳川家康は仏教を好遇し、政治中枢に仏僧を採用して内外の諸政策を任せた。また高野山が十万石格の大名だったように、大寺院の領域支配を認め、幕藩体制のなかに位置づけ、参勤交代をさせている。

その上、江戸時代の仏教に有利にはたらいたのは、幕府がキリスト教対策として、庶民すべてを一定の寺院に帰属させるという寺檀制度を設けたことである。

この政策のおかげで、仏教は脅かされた社会的経済的地位を保証され、僧侶層はこの上なく安定した生活をおくることができるようになった。没落したかとみえた仏教の勢力が再び蘇った。この世の春の到来である。その結果、無気力な僧侶やただ渡世のためだけに出家する僧侶が世人の目をひくようになった。

西鶴は「武士の家にては弓馬の芸にうとく、また病者にして勤めのなりがたきを進めて、衣を着せ、町人は算用おろかに秤目覚えず、日記付けさえならざるを、さても商人には思いもよらず、世を楽に、墨染めになれ」と皮肉っている。それが今日の僧侶群の「世を楽に」の生活につながっているのだろう。

以上をまとめてみると、仏教ないしインド教は日本に来てそこが浄土極楽であることを見いだしたといえるだろう。来日するといちはやく最高権力である皇室と歴代の諸貴族層の恩寵をかち得て、権力の座に昇り、膨大な土地を与えられ、民衆を使役収奪し、巨万の富を蓄積した。それもみずからは生産せず、施政せず、戦いもせずにであって、まさに濡れ手に粟であった。仏教僧侶は雲上のかなたから庶民を見下ろし君臨する王侯であった。権力と富のほかに山紫水明の自然界をも手に入れた。この国はほかでもない彼岸そのものであった。インド教僧侶はおのれはとこしえの彼岸の天上界に遊んで、下界に呻吟する日本民衆に向かって手招きすることが、般若経の大呪文の意味だと心得ていたであろう。

鎌倉新仏教の位置づけ

鎌倉時代に起こった新仏教はそれまで権力者の御用宗教であった仏教を一般民衆に近づけたという点で歴史を画期するものといわれている。

私は比較文明史を専攻しているが、日本文明史全体の中で占めるこの鎌倉時代（一一八五～一三三三）という時代は、日本文明の開始（ヒミコの西暦三世紀）から数えて千年を経過した時点にある。いまこの文明開始後の千年という経過年数に注目すれば、それは大型の文明に限った話になるが、シナ文明（文明開始が西暦前一六〇〇年ごろ）の孔子を含む百家争鳴の時代、インド文明（文明開始が西暦前一五〇〇年ごろ）のブッダを含む哲学思想繚乱の時代、西欧文明（文明開始が西暦四八〇年ごろ）のルターやカルビンの宗教改革の時代と同じである。文明開始後千年という大文明継続期間全体（平均一八〇〇年〜一九〇〇年）のちょうど中間にあたっていて、どの文明でもそれは大動乱がはじまった時代にあたっており、知性が活発に動き始めた時代、また商工業が発展し、都市が興隆した時代である。日本も同じであり、鎌倉仏教という宗教改革が行われ、都市が興隆し、商工業が発達をみた時代である。この時代にいたって人々はようやく自分の足元をみつめ、自分の土地に忠実な思考をめぐらしはじめ、民衆主体の思潮が生まれたと推測してよいだろう(1)。

法然

法然（一一三三〜一二一二）は知恵第一の法然房といわれたように、理論にすぐれた学僧であった。

『選択本願念仏集』にみられる聖道門と浄土門の区別、仏教諸宗の教理の比較、浄土三部経（無量寿経・観無量寿経・阿弥陀経）の説明、正行と雑行の区別、浄土をねがう人々の三種類、修行法の四種類など、理路整然とした説明がなされている。学者である彼が万巻の経典を放擲してただひとつ無量寿経に記されるアミダ仏の誓願にすがったのには、それなりの大きな契機があったにちがいない。

法然は美作（みまさか）の人である。岡山市に住んでいる筆者は車で県北へ向かう途中で彼が生まれ幼少期をすごした土地（岡山県久米南町）の誕生寺のそばを通るが、そこはまわりの田野とちがって田地、池、竹林、松、杉の林が混在するおだやかに美しい丘陵地である。彼は幼少時に京に上り比叡山で苦心の研鑽を積み、一切経を五度も読んだが身心安まらず、唐の善導の『観無量寿経』の「ひたすら念仏すれば何人も救われる」という言葉に遭遇してようやく魂に黎明の光が射すのを覚え、専修念仏に帰入した。その光は、叡山の青葉若葉の日の光と重なっていたろうし、この故郷の青葉若葉の日の光とも重なっていたのではないか。この尊い光をおいてほかの何にこの身を託すことができようか、と彼は仰ぎ見たのではなかろうか、彼の故郷の地を通るたびに私はそんな思いに駆られる。

彼の仏教にはまた王法との結びつきがない。南都北嶺の旧仏教は国家をはなれて仏法はなく、仏法をはなれて国家はないとしてきたが、彼はそうした縁を断ち切った。

親鸞

法然の弟子、親鸞（一一七三〜一二六二）は法然のような緻密な頭脳のひとではない。『教行信証』は仏の国土の美しさ、阿弥陀の本願、信仰のよろこびといった同じ退屈な話の繰り返しである。もっぱら行動人・宣伝者だったとみえる。

親鸞は悪人正機の説で知られる。悪人正機説は親鸞の専売特許のように扱われているが、「善人なおもて往生を遂ぐ。いわんや悪人をや」という言葉は、法然のいう「弥陀の願を起こし給う本意悪人成仏のためなれば、悪人が往生の正因なり」と同じであろう。また、親鸞が『歎異抄』のなかで法然が「弥陀の本願は極悪の悪人、他の方便なき輩を哀れみておこし給えり」と言ったと伝えているのとどこがちがうだろうか。さらにまた、親鸞は「ひとり親鸞のため」という言葉でも知られる。「弥陀の願をよくよく案ずればひとえに親鸞一人のためなりけり」というその言葉は、法然が「十悪の法然房」とか「愚痴の法然房」などといって救いようのない自己を責めたてているのと同じ筋ではないか。

親鸞は法然を終生の師と仰ぎ、「師にだまされて地獄に落ちてもかまわない。どうせ地獄ゆきは決まっている身だから」といっているが、そのように法然にどこまでもついていった人であった。なのに親鸞の生前から弟子たちは小異を立てて争いをつづけ、のちの東本願寺と西本願寺といういずれも大寺を拠点とする二つの全く異なる宗派として対立してきている。それを聞いたらどれほど親鸞は嘆くだろう。それこそが歎異抄の意味ではないか。末世鈍才の坊主どもの仕業というほかない。

親鸞が法然とちがうのは、独身を捨てて妻帯の道を公然と選んだことである。それが在家のひとたちがおのれと血の通いあう生活者を見いだしてひとえに追順していった理由とされる。今日でも親鸞のそういった人間性のなかに近代的自我に通じるものをみて、共感するひとが少なくない。しかしそういわれる意味が私にはうまくのみこめない。

聖職者の妻帯は洋の東西を問わず宗教界を悩ましつづけてきた問題である。二宮尊徳は、あるひとが親鸞が妻帯をゆるしたのは卓見だといったのに対してこう答えている。「多分ちがうだろう。貴重な稲田の一部をつぶして水路とするのに似て、男女の欲という人情の捨て難いところをつぶして法水路にして、衆生を済度しようという教えであることは明らかだ。男女の欲を捨てれば、惜しい欲しいの欲念も、憎い可愛いの妄念もみな消える。そうであってこそ仏法は万世に伝わるというものだ。妻帯をゆるせば、法水は流れなくなりはしまいか、それを私はひそかにおそれている」（『二宮翁夜話』）。

道元

道元（一二〇〇～一二五三）は浄土宗とは質のちがう禅宗の僧である。禅宗は他の宗派とちがって経典に依拠せず煩瑣な論理分別を排して直観と実践に向かう宗旨であり、道元の主導した祇管打座《しかんたざ》、ただ座れ、もその一つのあらわれである。

道元は若いころシナへ留学した。そのときの三つの経験が『永平清規』や『正法眼蔵随聞記』に記されている。

一つは、彼の乗った船がはじめてシナの港に停泊したとき、ある寺の典座（食事係）が日本のしいたけを買い付けにきていた。道元が御馳走をしたいというと、典座は仕事があるからといってことわる。その仕事はほかの人にまかせたらというと、自分はこの老年にしてこの職をつかさどることを心得ている。これが修行である。なんでこの仕事をひとに譲ろうか、といわれた。そこで道元が「なぜ座禅をしたり古人の語録を読むことに努めないのか」と突っ込むと、僧は大笑いして「この外国人は道というものが何なのかを知らない。教えが何かを知らないようだ」と言ったという。

二つ目の経験は、シナの僧院で道元が古人の語録を読んでいると、ある僧が「本を読んでどうするのか」ときくので、「古人の歩んだ道を知ろうとしているのです」と答えると、「それが何の役に立つのか」という。それで、「日本に帰ってひとを教化したいのです」と答えると、また「それが何の役に立つのか」と訊いてくる。「利生のためです」というと、「結局何なのか」と僧が言った。

三つ目は、真夏の昼下がりに僧院の中庭でひとりの老僧が海苔を干すのに精を出しているのに出会った。道元が「ほかのひとにやってもらえばいいのに」と声をかけると、老僧は「他人は自分ではない」という。道元が「こんな真っ昼間にされなくとも」というと、「別の時をどうして待てようか」といわれたというのである。

道元はこの三つの体験でえた感銘を胸に帰国したと伝えられる。これらの経験が道元にとって忘れがたいできごとだったということだが、私にはそれと彼の帰国後の行動がうまくかみあわない。彼は帰国後、都会の喧噪を避けて北陸の山深い里に引きこもって、ただ座禅せよと説いた。「学道の最要は座禅これ第一なり。しかあれば、学人は祇管打坐して他を管する事なかれ。仏祖の道はただ座禅なり。他事に順ずべからず」。

座禅すれば、たしかに彼のいうように迷い悟りの思慮分別を飛び越えて相対の世界の外へ出ていく、それがすなわち悟りというのだろう。だが、座禅の醍醐味と、囲碁将棋や釣りやゴルフに現（うつつ）を抜かすというのと一体どこがちがうのだろう。商売したり、農作業したり、買い物に出かけたり、料理を作ったり、掃除をしたり、はどうなるのか。事務、計算、売買、対話、炊事、洗濯、育児、掃除、歩行、睡眠、…暑い日も寒い日も、晴れようと、曇ろうと、降ろうと、不安焦燥苦悩期待安堵失望のくりかえしの毎日である。悟りをいうなら、その中においてではないのか。シナの典座たちが言おうとしたのはまさにそれではないか。道元は「出家者は座禅にさしさわりがないが、俗人は忙しくてうまく修行ができない。どうしたらよいか」ときかれて、シナの王侯の例をあげて、「公事俗務のなかでも座禅に励むようにすべきだ」と答えている（『正法眼蔵』）。これでは答えになっていない。生きるに精一杯のものからは、結構なご身分ですなといわれかねないだろう。

鈴木正三《しょうさん》は「驢鞍橋」のなかで、ある旗本の息子が来て出家したいというのに答えて「修行のためには侍奉公にすぎたものはない。出家すれば地獄行きまちがいなしだ」といって諭したという。また正三は、数十人の百姓が仏教の要点を尋ねてきたとき、「農業がそのまま仏教だ。ほかに修業を求める必要はない」といっている。また、ある侍に示して、「侍は鬨の声のなかで座禅に熟練するのでなくては意味がない。鉄砲を打ち立て、槍先を揃えて、ワッワッと騒ぎ立てているときに役に立つことが肝心だ。静かなところでやる座禅がこんなとき役に立つものか」といっている（『禅家語録集』(2)）。私は道元とこの正三を比べて、正三の方に軍配をあげたい。

日蓮

日蓮（一二二二～一二八二）は鎌倉新仏教のなかで最後に登場した人物である。日蓮はどんな人物なのか。私には法然、親鸞、道元については、その人物像も教えも容易につかめるのだが、日蓮だけは正体がなかなかつかめないでいる。

彼は僧であるのに排他的、戦闘的で不遜な言動が多い。他宗にむかって念仏無間、禅天魔、真言亡国、律国賊などと暴言を浴びせ、時の政府にむかってはきびしい諫言をくりかえすという騒々しい、およそ聖職者らしからぬ人物に映る。

かれの教説にはほかにはみられない目新しい点が三つある。ひとつは法華経をもって最勝の経典とみなし、「南無妙法蓮華経」という七字にその経の一切が込められており、それを唱えればそのまま成仏するとしたことである。二つ目は、現今地震、疫病、内乱、外寇などさまざまな災禍が降りかかっているのは、念仏をはじめとして邪宗が国土にはびこっていることが原因だとして、国民すべてが法華経に改心帰依すべしと主張したことである。三つ目は社会の改善を目ざした点であって、『立正安国論』の中で、仏法を宣揚するにあたって真っ先に願うべきは仏法存続の基盤である国土と人民の安泰だと主張している。

これら三つのうち、南無妙法蓮華経と唱えれば即時に成仏する、というのは、悟り、得道、成仏のための条件にしてはあまりに安易にすぎるようにみえる。悟りのためには厳しい修行が必要ではないのか。ブッダ自身阿含経のなかで五蘊・

六処を説き、法華経のなかでも同じことをくりかえし言っている。つまり、眼、耳、舌、鼻などの感覚器官から好き嫌いという限りない欲望が生じ、人間の行為が生まれる。そこに苦にみちた生命活動が生じる。苦しみは生老病死にきわまる。それを滅するには生命活動を滅しなくてはならない。そうしてはじめて悟りの境地に到達するのだ、と。

日蓮が至尊の経とする法華経の中心人物はこのブッダなのだから、法華経を唯一信奉するなら、ブッダの教えにしたがって修行に励み、四聖諦や八正道を実践しなくてはならない。瞑想を重ね、布施に励み、静寂の境地に住まなくてはならない。なのに日蓮の生涯にはその痕跡がない。それどころかその反対に生命活動の高揚がある。

彼の主張の現世性は、同時代のほかの教祖にもみられる日本仏教伝統の現世性がその根底にあり、またかれの時代になって高まった民衆中心の世俗性があり、それに彼自身の強烈な個性が加わったものだろう。

彼は国と法の二つのうち、国を優先する。「それ国は法によって昌《さか》え、法は人によって貴し。国亡び人滅せば仏を誰か崇《あが》無べき。法を誰が信ずべきや。まず国家を祈って須《すべか》らく仏法を立つべし」(『立正安国論』)。そのように日蓮は新国土の建設を説いた。

彼の正体は結局宗教者でなく政治家であろう。彼のけたたましさ、傍若無人ぶりはそこからくるのだろう。歴史的に今日まで伝わる日蓮系諸宗派・諸団体に共通する世俗性・政治性は、開祖のこの性格と行動に由来するとみえる。

日蓮で私の脳裏に浮かぶのは播隆上人である。

播隆《ばんりゅう》(一七八六~一八四〇)は浄土宗の僧侶であるが、若いころ寺院内の俗臭に嫌気がさして、寺を出て、深山の岩窟に参籠したり、あるいは崖上に座って苦行練行を重ね、念仏専修に生きた人である。日本中央山脈の笠ヶ岳、槍ヶ岳、穂高岳に足跡を残した。食事は年中塩穀を断ち、ソバ粉を水で溶いたものを一日一回とるだけであった。身につけるものとて木綿の単衣一枚と袈裟だけ、山を登るに木履(きぐつ)をはき、険岨の谷を渉るに身の軽きこと自由自在鳥が飛ぶがごとし、と記されている。衆人と交わることを避け、口を動かすのは念仏だけであった。馳走を出されても手をつけることをしなかった。それはブッダの眼、耳、鼻、舌、触の欲求を断てという教えの文字通りの実践といってよいだろう。

凶作の年には人心穏やかでなく、凶作坊主と罵って石を投げつけ鎌や棒で脅したりするものがあったが、播隆は温順に接して説得し、念仏を唱えると、群衆は心打たれて散じたこともあったという。

山は天界である。神の住まいである。すなわち宗教の国である。このような人こそほんとうの求道者、宗教者ではなかろうか。

即身成仏

鎌倉新仏教の特長は仏教を民衆のものにしたことである。それまで貴族の手のうちにあった伽藍の仏教や書物の仏教は、庶民の生活に実践される信仰の仏教へ変わった。念仏、唱題、座禅など単純な形の信の形態はその庶民性、生活性のあらわれである。

何より注意されるのは、鎌倉仏教の開祖たちがほぼ一様に即身成仏（現世の肉身のままで仏になること）の考えを表明したことである。宗教学の堀一郎（『日本の宗教』(3)）はそれに注目して、即身成仏は真言密教さらには天台密教にもみられ、日蓮の思想に明らかであり、道元の即心是仏の座禅の境界にも通じているといっている。

堀はそうした即身成仏を神人合一の体験とみなし、インド仏教にも中国仏教にもみられず、日本仏教だけにみられる現象だとして、その由来を神道の周辺に求めつつ、神道は偶像をもたず、倫理的規範とか、天の思想といった形而上学といったものは何ももたないが、その思想的空虚は無窮の民族的生命によって埋められ満たされている、といっている。

堀はこのように即身成仏ないし即身是仏とか神人合一とかを無窮の民族的生命に満ちた歴史と風土に結びつけているが、この歴史と風土の世界とは別の言葉でいえば此岸即彼岸のことだろう。このいま生きている世界が彼岸なら、浄土なら、そこに神も仏も菩薩も住んでいるのだから、神人は当然ひとつということになる。この現世即浄土観をとるなら、さらに、日本仏教を特色づける終始一貫する現世性というのも理解のいく現象となるだろう。

第3章

日本文化と仏教

仏教は日本文化の基本を形づくったと広くいわれてきた。日本文化はすなわち仏教文化だとみなしているかのようである。識者にしても正面から見すえた仕事はさしてないなかで、大方は仏教の作用は極めて大きいとみている。しかし少数ながら、仏教の作用を少なめにみるひともいる。以下双方の意見を比べることにして、影響大とする意見の代表として辻善之助をとりあげ、小とする意見の代表として津田左右吉の論をみてゆくことにしたい。

辻善之助の考え

辻善之助は『日本文化と仏教』(1)のなかで次のようにいう。

上古の日本には天然・物体・動物などを神としてあがめる幼稚な雑信仰ばかりで、宗教というほどの観念がなかった。日本人の考えは現実的楽天的だった。そこへ仏教が入ってきて、複雑な過去現在未来の観念や輪廻の思想や浄土の観念に接して精神が深化し眼界がひろがった。

日本音楽の発達のはじめには仏教音楽がある。飛鳥時代、聖徳太子のときはじめて蕃楽（外国音楽）をもって法会に用いるという奏請がなされ、天武天皇のときには外国使節を蕃楽で迎え、仏教にともなう文化を誇示している。建築、絵画、彫刻いずれの分野も周知のように仏教そのものともいえるほど深い関係にある。医療でも古くから仏教僧侶が朝廷で活躍した。

平安時代の政治も仏教に左右された。朝廷に重んじられた最澄や空海の考えにはいずれも国家鎮護の思想が根本にあり、国を守り治めるために仏教を興隆するという趣旨に貫かれている。

当時の日本の精神にあたえた影響の著しい例は本地垂迹思想である。本地である絶対的な仏が神となって現れているという仏主神従の考えであって、日本在来の神祇は仏教に摂取された。八幡大神が八幡菩薩とされたなどはその好例である。

仏教は全く日常的になり、社会一般にあまねく行き渡って民心に深く浸潤し、消化されて国民の精神的生活に融和した。正月の宮中の御斎会、二月の諸寺の二月会、釈迦の涅槃会、三月の薬師寺の最勝会、東大寺の華厳会、尊勝寺の潅頂、五月の長谷寺の菩薩戒などの年中行事はそれを示している。

藤原氏は一門一族競って寺院を建立した。現世の安穏のため、子孫の繁栄のため、また別荘としてみずからの遊楽の場所を作るためであった。

当時、救済慈善事業が仏教によって促進勧奨された例が多い。僧侶が地方をまわり、土木事業をおこし、交通の便をはかることもしばしばみられた。

鎌倉時代から室町時代にかけては経済の領域で、座、市場、門前町、為替、頼母子・無尽・質屋など、平民中心の活動がみられるが、背景には仏教寺院の保護がある。また、交通も諸大寺への参詣が盛んになるにつれて発達した。

室町時代には禅宗が普及して、禅僧は文筆を仕事とするようになり、幕府に登用されて内治外交の顧問となった。村で手習い教育が行われるようになり、足利学校など僧侶のつかさどる大学もできた。仏教僧侶が文化の中心にあって、仏教が階級の上下を問わず普及して、人心をとらえ、地方にもひろまって、文化の諸方面の発展に寄与したのである。

民衆の勢力が大いに伸びて、下克上の風がおこり、いたるところ民衆の反乱が生じた。寺院もその潮流に巻き込まれて僧兵を蓄え、朝廷幕府に反抗し、ほかの宗派や大名と抗争した。

室町時代の芸術は多く禅宗の影響をうけて発達した。建築では書院造が創られ、謡曲には仏教思想が盛られ、茶道の形式が整えられ、立華の技術の向上がみられた。

江戸時代に入ると仏教の力は全体として下り坂に向かい、一般文化との交渉は希薄になり、民心も仏教を離れていった。しかし、幕府の定めた寺請制度によって仏教僧侶は高い地位と生活を保証され、贅沢三昧で自堕落な生活を送る僧侶も少なくなかった。

以上みたように、日本のどの時代も、精神面でも物質面でも仏教から著しい影響を受けつづけた。仏教は言語、文学、教育、医術、芸術を形成発展させた力であり、救済事業、土木事業、交通、商業の発達に寄与した。

こうして仏教はおよそ千数百年の間日本国民の精神生活と物質生活のなかに全く消化され、肉となり血となった。仏教をのぞくと、日本史を考えることは全くできない。日本文化と仏教の関係を論じるのはすなわち日本文化のすべてを論じることである。

このように辻は述べて、日本文化への仏教の影響力が甚大であったことを強調している。

津田左右吉の考え

つぎに津田左右吉の考えをみる。

津田は『文学に現はれたる我が国民思想の研究(2)』でつぎのようにいう。

日本文化はシナの文物を学ぶことで発達したが、それと同じ勢いでひろまったのは仏教である。シナの学問と文学はただ知識としてであったが、仏教の彫刻、建築、音楽はすべてが幻想の世界に人々を誘う。広壮な寺に美しい荘厳を施し、華やかな法会を営むことで、日常の世界から離れた官能的快楽がえられる。ということで朝廷と貴族に歓迎されたのだが、民心をとらえることはなかった。万葉集に仏教関係の歌がほとんどないのはそのためである。仏教の建築も彫刻もみな模倣品にすぎない。

平安時代になると、国の権威が衰えて、仏教は全く貴族の専有になり、寺院が貴族の私宅に建てられた。しかし、仏教の教理は人々の実生活と没交渉であり、知識上の遊びにすぎず、貴族の求めるのは加持祈祷のたぐいであり、僧侶は栄達を願い、富裕を目指す官吏にすぎなかった。常行三昧も法華三昧も儀礼化されて名目だけのものである。だから思想として仏教が人心に与えたのは厭世と無常の念にとどまっただけで、それすらも単に知識にすぎず、生活を支配するものではなかった。平安貴族にとって、現世が極楽浄土だった。

浄土思想は平安時代半ばから流行したが、なんら苦しみを伴わず何の修行も要せずして仏果をえられることが、遊戯的享楽的な生活をおくるものに適応した。彼らにとって浄土は現世の否定でなく延長だった。仏教はかくてその根底の思想、修行得脱の教えを忘れ、現世主義に迎合し、享楽主義の手段となった。

鎌倉時代の浄土門の唱える他力による往生は、実生活での精進努力を怠る姿勢に通じており、平安時代の退廃的気分に通じている。他力による往生を宣伝することは僧侶の地位にあるものが自力によって解脱するための精進努力をすることとは矛盾するものでないのに、浄土教の宣伝者、とくに親鸞はその努力をしなかった。それは末法の世のさまに順応しようとする心弱さの現われである。

日蓮は人間国土が仏土であり、現世界が浄土だという。特に日本国に重きをおいて、絶えず日本国、日本国と絶叫している。それが国土を穢土とみて浄土を希求する法然の教えと矛盾するのは当然である。かれの唱題念仏はしかし、法然の唱名念仏に対抗するためのその作りかえにすぎない。そうしてその教えには少しも日蓮自身の人生にたいする切実な考察や感懐からきた点がなく、また実践道徳上の問題とはほとんど没交渉である。したがって宗教としては甚だ価値の乏しいものである。

この時代、仏教は武士に信仰されたが、菩提に入る修行でもなく、涅槃を末世に求めるのでもなく、仏も神も現世の成功と幸運を加護し、栄華に導くためにはたらいている。当時の信仰が現世的であることは日本仏教のはじめからの性質であって、古今を通じて一貫する。厭世観などは仏者間の知識として存在するにすぎない。

室町時代から江戸時代にかけて僧侶が農民に多少の文字を教えるぐらいの働きをしたのはもちろんであり、また学問文芸の嗜好をもっているものも現れ、消閑の料として歌や俳諧に遊ぶものもあった。しかし江戸時代がすすみ儒者や歌人や画家や俳諧師が学芸界の中心となり活躍するようになると、僧侶はそれについて何ら特殊の地位をもたなくなった。そうして生計の安固なところから、全体に気力が萎靡してきたのと、彼らが世間に重んじられなくなったことから、有為の士が仏門に入らなくなってきた。いかなる片田舎でも、寺院だけはかなり立派な建築物をもっていて、茅屋の点綴する里落の間に異様な光彩を放っており、都市と田舎を結び付ける一機関とはなっていた。けれどもそれは地方民に多少の美しいものを見せただけのことであって、彼らの日常生活に関わるところの極めて少ないものである。

二人の説を比べる

以上辻善之助と津田左右吉の所説を簡単に紹介した。どちらが妥当な考えだろうか。

辻は飛鳥奈良時代の音楽・建築・絵画などは仏教由来というが、それらはみな朝廷周辺の事象であって、それがそのまま日本文化とみるわけにはいかない。

平安時代の政権上層部に仏教が入りこんでいるのは確かであり、本地垂迹説も一般化している。かといって、「仏教が全く日常的になり、社会一般にあまねく行き渡って民心に深く浸潤し消化された」とはいえない。「枕草子」をみても朝廷の生活が仏教色に浸潤していた生活だったとはいえまい。まして庶民の生活においてやである。二月の諸寺での二月会、釈迦の涅槃会、三月の薬師寺の最勝会、東大寺の華厳会、尊勝寺の潅頂などはみな仏寺の催しであって、一般社会の催しではない。

鎌倉時代の商業や交通の発達は多分に文明の自然的な推移によるのであって、特定の人物や団体の活動に起因するということはできないだろう。

室町時代の絵画・建築・演劇・挿花などに禅宗の影響があるにしても、根本は日本の芸術への表面的影響であろう。

辻の結論は、仏教は千数百年ものあいだ国民の精神生活と物質生活のなかにまったく消化されて血肉となった。日本文化と仏教の関係を論じることはすなわち日本文化のすべてを論じることだ、というにあるが、私は仏教の影響はどの時代の分野においても日本文化の基礎を形成したのでなく、日本文化本来の成長の上に刺激として働きかけてきたとみるのが妥当と考える。

つぎに津田左右吉の論をみると、万葉集に仏教をうたった歌がほとんどないことは、氏のいうように、仏教が奈良時代の人びとのあいだに根づいていなかったという確かな証拠といえるだろう。平安時代の仏教も貴族の専有物であり、加持祈祷によって現世利益をもたらす手段にすぎなかったというのもあたっているだろう。

鎌倉新仏教について、浄土宗は平安の空気の退廃に通じているとして、自力による解脱のための努力をしていない、とくに親鸞がしかり、としているが、仏教が一般のひとびとのまじかに接したのはこの浄土教を通してであり、少なくとも法然や親鸞の行跡をたどると、退廃の気分の継続とはなかなかいえないところがあるのではないか。

江戸時代には仏教が衰えて有為の士が入門しなくなった、と述べているが、その状態が今日まで続いているとみてよいだろう。

津田は、田舎の茅屋の点綴するなかに寺だけがりっぱな建造物をもっていて異彩を放っているが、多少の美しさを見せただけで、人々の日常生活に関わることは極めて少ないといっているが、それは江戸時代や現代だけでなく古くからそうではなかったかと思われる。

津田が日本仏教の現世性を強調しているのに注目したい。日本の仏教のおこなったことは主として現世利益のための加持祈祷にすぎず、無常とか厭世とかの念も生活とはなれた知識として存在していたにすぎなかった。それは日本仏教のはじめからの性質であって、古今を通じて一貫する、という。津田がいうこの現世性は前章のおわりでみた鎌倉新仏教の共有する即身成仏の考え、掘一郎のいう神人合一の体験に通じていて、私見では風土のもたらす現象と思える。

辻善之助の主張する日本文化は仏教文化なりは、今日も依然日本知識人の多数が共有するところである。一々名前をあげることをしないが、手近にある仏教関係の書物を開けば、ほとんどは仏教が日本文化を形作ったといった考えを前提にしている。和辻哲郎には『古寺巡礼』『日本精神史研究』『日本倫理思想史』などの著作があるが、仏教に対してまったく疑問をはさむことのない無条件の信服である。

ほかのひとの例では、古館晋（『日本文化と仏教』）にもやはり仏教が日本文化の基本とする主張がみられる。古館は「日本は千年前に独自の文化をもっていた。独自の文字、美意識であるみやび、寝殿造という建築様式、源氏や枕草子といった文学を作り出してはいる。しかし、現代にまで生きつづける日本文化は室町時代を中心とする禅、五山文化の創造である」と言い、建築の書院造、庭園の石庭、茶の湯、生花、水墨画、能、芭蕉の俳句などの生活文化や、枯淡、幽玄、わび、さびなどの美意識を例としてあげ、「それらはすべて禅の心、空（無）から生まれた」と結論づけている。しかし、書院造というのは本来の日本建築にとりつけられた付属の造設にすぎないし、現代まで生き続ける庭園は石庭だけではないし、茶道や生花にしてもそれらを禅の産物とするには無理がありそうである。また、芭蕉の風尚に五山文化や禅をよみとるのは困難ではないか。さらに、わび、さびの理念も禅から生まれたとはなかなかいえないふしがある。

仏教は精神面でも物質面でも所詮王侯貴族の遊びと飾りつけの役を果たしたにすぎず、庶民の生活とはおおむね没交渉にとどまった。さきの辻善之助が結論としていう、仏教は日本国民の精神生活と物質生活のなかに全く吸収されて、肉となり血となったというのは、そのことからしてうなずけないことである。影響はしても刺激として働いただけではないか。肉となり血となったのはむしろシナ文化の方であって、シナは政治、経済、教養、教育、芸術諸般にわたって、実生活の間近で、日本文化の根幹と深く関わり成長発達させる力となってきた。

私はこのように多くの論者が主張する日本文化のなかに占める仏教の大きな力は相当程度割り引いて考える必要があるとみる。皇室という絶対の権力権威のおかげで、庇護下の仏教も絶大の権力権威をそなえるにいたって、それが千数百年もの伝統として歴史の重みになって、諸分野の知識人のあいだの先入観となり、あやまった評価を生んできたのではないかと思う。

日本文化の独自性

今少しいくつかの事例をあげて、日本文化が仏教と関わりの少ない独自のものであることを知るよすがとしたい。

日本文化の華といわれる室町時代の芸能のうち、能楽についてみれば、能楽のもとには平安時代神事にともなって広く行なわれた農村芸能である田楽があり、それが室町時代に貴族層でもてはやされた猿楽と合体して、観阿弥、世阿弥によって大成されたとされる。もと神事であることは、能舞台の鏡板に描かれる松が神の影向するところであり、また鏡板の鏡というのも神の依り代であることから知れるところであり、また、「翁（三番叟）」は神聖視されて能楽のうち代表曲とされるが、その翁というのも農業神としての面影をもつとされている。つまり能の起源には日本の神事があるということである。

茶の湯についていえば、屏風を立て回した唐様飾りの茶礼を、村田珠光が草庵風の茶の湯に変えたところに出発点がある。珠光はわび茶の祖といわれ、「茶の湯の奥儀は物少なに潔く手軽なる様躰なり」といっているのにふさわしく四畳半座敷を真の座敷と定め、また高雅な貴族的な気品をそなえた道具に代えて地味で素朴な味わいの茶器をつかった。そこには冷え枯れる美意識がはたらいていた。武田紹鴎は珠光のあとをついだ人だが、彼は珠光の四畳半の座敷のところどころを改め、白張りの壁を土壁にかえ、木格子を竹格子にするなど、いっそう質素な構えにした。彼の言葉に「わびと言う言葉は故人も色々に歌にも詠じけれども、ちかくは正直に謹み深くおごらぬさまを侘という」というのがあるが、正直、質素、謹みというのは日本人にもともとそなわった性質である。

「わび」、「さび」「冷え枯れ」は室町時代の文芸が共有する美意識だが、いかにも清貧の心境をあらわにした言葉といえよう。それは端的に求道の精神を指示している。それはシナ人にもインド人にもみられない日本人の生活の規範であった。「数寄」というのも「わび」「さび」と同意の言葉である。自然のなかに身を投じ、人為的・作為的なことを好まず、物は整わず意に任せない状態に安んじるという思想である。

また、茶の湯の建築を見ると、茅葺きあるいは草葺きの草庵、露地、飛石、手水鉢、躙り口、四畳半の部屋、竿天井あるいは菰天井、土壁、下地窓、竹連子といった造作がある。茶道には禅の影響が大きいとされているが、そうした結構のいったいどこに禅があるのか。点前の一連の進行をみてもそれもこれも日本文化の創造ではないか。

室町時代のはじめ、茶、花、香など文芸活動の展開にともなって会所が多く使われるようになった。会所は押板に三具足（香台、燭台、花瓶）を置き、唐絵を掛け、唐物道具を並べ花を生け、周囲に屏風を立て回したところに大勢が寄り集まり、最後は酒もりをして楽しむところであった。茶道のはじまりもこの会所での遊びであり、花道もまた三具足の花から出発して、しだいに立花の形式が整えられていったといういきさつがある。はじめのころの屏風と唐物に囲まれた華やかな雰囲気の芸から、「野山に生まる草木の体を学び、よき風流を深く稽古する」（池坊専応）というわび茶に共通する心が生じている。こうした立花のありかたも日本人の創出であって別に禅宗などをもちだす必要はないだろう。

日本の建築については、関野克（『日本住宅史』）[4]の説明を聞くことにしたい。関野によれば、日本建築の根源は日本固有の木造住宅であり、絵画や彫刻の助けをかりずして世界にもまれな建築美を発揮している。その特徴は板敷、白木造り、草葺・板葺・桧皮葺にある。奈良時代大陸から仏教建築の輸入があり、土壇、彩色、瓦葺の大建築が立てられ、当時の人々の目を驚かせたが、本来の日本住宅に影響を及ぼすことはなかった。住宅のはじめは農家住宅であり、そこから上古の公家住宅が発し、中世の武家住宅が生じ、室町時代・江戸時代の数寄屋住宅へ連なっている。数寄は自然のなかに身を投じ、そこに生活の喜びをみるという風雅の世界観に根ざしている。数寄は日本住宅建築の半像で、いつの時代にも木陰のごとく美しい樹冠に添って静かに横たわっていた。それはこのような思想に特徴づけられた階級を超越した日本住宅の本質である。

関野のいうように日本建築の美は寺院建築にあるのでなく、住宅建築にある。そのことをしっかりおさえておきたいものである。日本各地にある旧家の農家住宅や町屋住宅をまじかに見ると、門構えから母屋にいたるまで、重厚で暖かみのある質素で強い様式の美に圧倒される思いがする。いったい東大寺とか法隆寺とか無数にある仏教寺院の建築は日本文化なのだろうか、外国文化の模倣にすぎないのではないか。そんな疑問をそうした古い住宅建築を目のあたりにするものにつきつけてくる。

建築にかぎらず、さまざまな造形一般についても、日本の造形と仏教の造形には大変なちがいがある。それについては次章で述べることにしたい。

年中行事

最後に年中行事について一言しよう。

ひろく一般におこなわれる日本の年中行事は以下のようなものである。

◆正月

正月飾り…しめ縄、門松、床の間のしつらい、鏡餅

神社への初詣で

七草がゆ

◆春

節分…豆まき

雛祭り

針供養

野遊び
※春の彼岸会

◆夏
端午の節句…鯉のぼり、菖蒲湯
七夕
※盆供養…盆踊り
中元

◆秋
月見
※秋の彼岸会
秋祭り

◆冬

七五三

歳暮

※除夜の鐘

こうした行事は季節によって移り変わる農耕の仕事の節目節目におこなわれるのが本来であって、それに外来のシナや仏教の要素が習合したものが多いとされている。

仏教の要素が目だつものには※印を付した。

春秋の彼岸会は古くから公武民間に広くおこわれてきたが、本来は単なる仏会ではなく、固有の農耕儀礼との習合とされている。

七夕も盆供養ももとは前半年の収穫感謝祭から生まれた行事とされる。祖先の霊が一年の一定の時に家々を訪れ、饗応をうけ丁重におくられる風習は仏教にはない。

全体を見渡してみると、日本社会の年中行事は日本固有かシナの行事との習合が大半であって、仏教の行事がいかにも少ないことがわかる。仏教が日本社会の深部にまで浸透していたとどうしていえようか。

第4章

造形様式のちがい

仏教と日本文化との関わりを知る手立てとして造形様式をとりあげてみよう。仏教の造形様式と日本の造形様式はどうちがうのだろうか。

私は私の造形様式論をこれまでの著書でくりかえし述べてきたので、ここでまた記すのはいささか気がひけるのだが、仏教を主題にする以上、省略するわけにはいかない。

二つの様式

私はこんなことを考えていた。日本の部屋は畳敷きで、障子や襖を間仕切りにしている。これは西洋の板敷きでドアで開閉する部屋と様子がちがう。衣服では、キモノは身体に横方向からまとい、帯も横に巻き付けるが、洋服は丸首シャツや、ズボンのように突っ込む形のものが少なくない。また日本の家屋は多く平入りであり、正面が横長だが、西洋の家屋は多く妻入りで正面が縦長である。刀剣を比べると、日本は日本刀を正系の武器としているが、西洋はフェンシングでつかうような突剣を正系としている。一体こうしたもろもろの道具類は、日本のものは日本のものと互いに調和がとれているようにみえるし、西洋のものは西洋のものとしっくり合っているようにみえる。どうしてそうなっているのだろうか。

そんなことを考えていたとき、ふとある図形が思い浮かんだ。

日本には装身具がないということも不思議に感じていたことであった。首飾り、指輪、イアリング、腕輪、足飾り、などといった装身具は地上いたるところで愛用されているのに、日本では古墳時代に姿を消したきり、それらしいものが再び現われるのは千年以上もたった江戸時代半ばになってからである。それも根付、印籠、笄《こうがい》、簪《かんざし》といった実用具に装身の役をかねさせていたにすぎない。装身は人間の本能だというのに、どうして装身具がないということがあるのだろうか。

また、日本に彫刻が少ないということも、私には怪訝の種であった。西洋には、あるいはインドや中南米の古代文明には、彫刻が町なかにも建物の内外にも山ほどあるというのに、日本では生活空間にみかけることがほとんどない。根付や欄間の彫りものはあっても、大きさや立体感にかける。彫刻らしい彫刻といえるのは仏像ぐらいのもの、あるいは神社の入り口にある狛犬ぐらいのものである。どうしてまた、日本には彫刻が少ないのだろうか。

私にふと思い浮かんだというのは、空中で組みあわさった二枚の細長い板の図である。

二枚の方形の板が構成するのは、空中のどのような位置にあっても、一方の板が他方の板から直角に突き出る形と、一方が他方に対して寝るないし添う形とを両極にして、その中間のさまざまな形しかありえない。中間というのは二枚の板

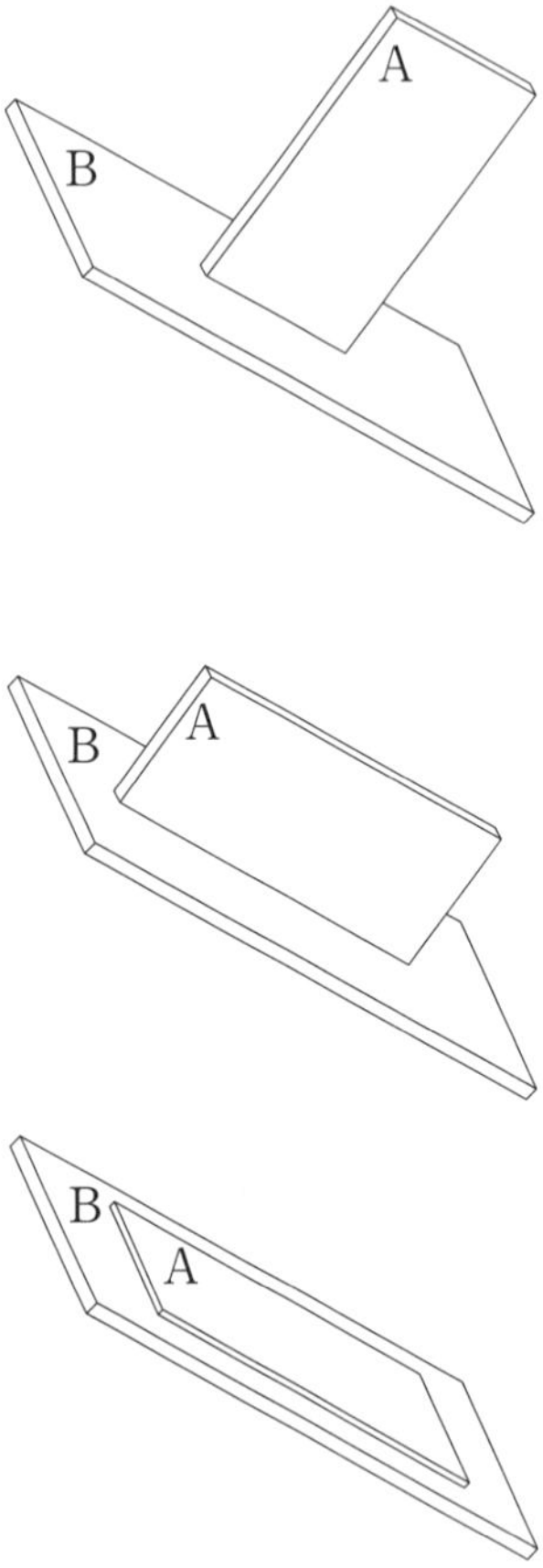

Ⅰ
Ⅱ
Ⅲ

の交角が九〇度から〇度までの形であって、それを突出度と平添度《へいてんど》（平らに添う度合い）の増減とみなすと、さまざまな形は二枚の板の一方が他方に対してタテに立つ（図Ⅰ）、ヨコに立つ（図Ⅱ）、ヨコに寝る（図Ⅲ）という三つの態様に集約することができるだろう。

この三つの図Ⅰ、Ⅱ、Ⅲは図Ⅰ一つだけでも説明することができる。つまり、図Ⅰの直角に突き出る板Aの上端をもう一枚の板Bと平行にしだいに削りとって高さを減らしていくと、やがて図Ⅱがあらわれ、最後に図Ⅲの形となるからである。

二枚のうち一方の突き出る板Aを造形とすると、他方の板Bは物（地面を含む）あるいは人体であって、物や人体に、あるいは物や人体から、突く、突き出る、突っこむ、貫く、という形になる造形、例えばフォークやドア、を突出の造形と呼ぶとすれば、物や人体に平らに（ぴったり）添う、平行する形になる造形、例えば箸や障子、は平添《へいてん》の造形である。ほかの例では、ズボン、カバン、突剣、妻入り家屋は、人や物に突き当たり、貫くというフォークと同じ突出構造であり、キモノ、ふろしき、日本刀、平入り家屋は、人体やものに添い当たるという、箸と同じ平添構造である。

この突出と平添の構造は、地面に対するときは垂直と水平の構造となり、椅子、竪琴、塔は垂直であり、畳、琴、平屋建築は水平である。日本古来の庭園や町全体も平らにのび広がる水平である。

もう一つ、AがBをとりこんで、二枚の板を一体とみなすときは、立体と平面の区別が生じ、立体の例には彫刻、洋室空間、西洋の絵画空間、西洋音楽の発声法・旋律、西洋舞踊（ダンスやバレーなど）、西洋の舞台空間などがあげられる。平面の例では和室空間、大和絵の空間、日本音楽の発声法・旋律、日本舞踊、日本の舞台空間などがあげられる。

私が造形の構造とよぶものは、本来このように造形と他のものとの関係を指しており、二枚の板を一体とみるときの形（立体－平面）だけ、造形自体の組成である。それには以上のように、突出・垂直・立体の系列と、平添・水平・平面の系列との二つがあり、前者を突出系のグループとすれば、後者は平添系のグループである。

私はこの幾何学的図形を日本と西洋のいろいろなものにあてはめてみて、それらが二つの系列に整然と仕分けされるさまに、われながら正直おどろいた。

具体例をまとめる

具体例をまとめてみよう。

- 突出系
  - 突出—フォーク、突剣、妻入り家屋、丸首シャツ、ズボン、パンツ、筒袖、ボタン、ホック、手袋、靴下、靴、カバン、ドア、指輪、腕輪、首飾り、数珠、オーボエ、バイオリン、篳篥《ひちりき》、尺八。
  - 垂直—塔、シャンデリア、椅子、立礼、竪琴、笙《しょう》。
  - 立体—彫刻、西洋建築造作一般、洋服、洋舞、洋楽、遠近法。
- 平添系
  - 平添—箸、日本刀、平入り家屋、キモノ、帯、紐、腰巻、ふんどし、広袖、手甲、足袋、草履、下駄、風呂敷、障子・襖、琴、琵琶、横笛、フルート、三味線、ギター。
  - 水平—平屋建築、畳、座礼、琴、横笛、フルート。
  - 平面—日本の都市・建築・庭園、キモノ、日本家屋、日本音楽。

針とか釘とか串とか槍など用途によって形がきまっているものは別として、同じ用途でちがった形態をもつものは、以上でみるように、西洋は突出系が断然多く、日本は平添系が断然多い。

説明を加えると、

1 洋装は、丸首シャツ、ズボン、パンツ、手袋、靴下、ストッキング、靴、長靴など、突っこむ、貫くという突出構造のものが多い。ボタンやホックといった留め具も同様である。カバンものを突き入れるというズボンやパンツと同じ構造である。首飾り、腕輪、指輪、イヤリングなどの装身具もその仲間である。

それに比べて、和装というのは、キモノ、帯、ふんどし、腰巻、ぞうり、下駄など、平らに添いあたる平添構造の造形で構成されている。袖というものはかならず突出の構造になるが、広袖や振袖はその度合いを低くしたものである。日本には手袋はなく、江戸時代までは手甲という手の甲だけを覆うものをつかっていた。ボタンやホックはなく、ものを結び合わせるにはもっぱら紐（平らに添うもの）をつかった。紐の中でも組紐は平添度が高い。また、洋装が上着も下着も彫塑感があるのに対して、和服は平滑な平面であり、たたむと一枚の水平な布のようになることも注意をひく。

風呂敷にしても、カバンがものを中へ入れるのに対して、ものを添い包んでいくものであり（平添）、平たい一枚の布であり（平面）、また包みを水平に持ち運ぶ（水平）としたものである。むかし風呂敷は平包（ひらづつみ）といったが、その名のとおり平添・水平・平面の構造をすべてそろえている。

秩（ちつ）というむかしの書物入れも、四枚の板状のもので構成され、それを折りあげて箱状にするのだから、一種の風呂敷である。今日の書物の外箱はそれとちがってカバンと同類である。

2 家屋建築では、洋室は、床から椅子、テーブル、ピアノなどが立ち上がり、壁から鹿の角などが突き出し、天井からシャンデリアが下がる、という突出と垂直の構造、そして全体が高い天井をもつ立体的な構造である。それに比べて和室は、上下左右の床、壁、天井が突き出るものがない平滑な平面であり、全体も低平な空間である。建築の外側にしても、西洋建築は窓を張り出したり、壁に凹凸をつけたり、彫刻で飾ったりするが、日本建築にはそうした出っ張りがない。また、西洋建築は塔や塔状の鋭い突起をつけて上空をめざすのがふつうだが、日本建築は地に沿って低く水平に伸びる平屋形式を正系にしている。

また、西洋に多い妻入り建築というのは、細い面で人にあたってくる突出構造であり、日本に多い平入り建築というのは広い面で人にあたってくる平添構造である。これはフォークと箸の構造のちがいと同じである。その上、妻入りは細長い妻を正面にするから地面に対して垂直であり、平入りはヨコに長い平を正面にするから地面に対して水平である。西洋建築と日本建築がそれぞれ突出・垂直と平添・水平というそれぞれ同系の様式構造の二種をそろえているということである。

3　舞台をみると、西洋のオペラの舞台は天井が高く、深い奥行きのある立体空間であり、日本の歌舞伎の舞台は低平で、奥行きが浅く、横にばかりのびるタテ方向に扁平な空間である。その舞台で演じられる舞踊も、西洋のは円く回転したり、飛び上がるという立体的な運動を主としているが、日本のは回転もせず、飛び上がりもせず、直線的に低く立った平面の形で水平に動いている。囃方も全体が直線的に配置され、西洋のオーケストラが円形に陣取るのとたいへんにちがう。

4　音楽そのものの形はというと、これはみることができないが、音楽の可視化といえる舞踊の形から推測すると、今みたように西洋音楽は回転し突出する立体の形をしており、日本音楽は低く立った平滑な平面の形をしていると判断される。日本音楽はいいかえると、ふすまに似て、聞き手の身体に添って流れてゆく浅い平板な音塊のようにみえる。「春の小川」、「荒城の月」、「浜辺の歌」、「リンゴの歌」など歌謡はみなその感じである。謡曲、義太夫、清元、長唄、小唄などもこの形をしているのだろう。日本の童謡や唱歌をソプラノ歌手やバリトン歌手が歌うと、なにか変な感じがするのは、この音楽自体のもつ形のちがいのせいではないか。平添系の音楽を突出系の発声法で歌うからではないか。音楽理論によってこのあたり説明してもらいたいものである。

私はむかし三十歳のころウィーンの国立オペラ劇場でR・シュトラウスのオペラ「エレクトラ」を観たことがある。歌い手は高名なソプラノ歌手ビルギット・ニルソンだったが、この人が歌い出してしばらくして、私は自分の両耳がビーンと鳴りだしてとまらず怪訝な思いがした。なぜかわからず、あたりを見回すだけだったが、しばらくしてこの歌手の声のせいだということにやっと気づいた。彼女の爆発的な歌声が空気の壁を突き破り突進してきて舞台から遠く離れた天井桟敷にいた私の耳の鼓膜を打ちつづけていたのである。

5　日本の主な楽器である琴、琵琶、横笛、三味線、ヨコに打つ鼓は、すべて地面に、あるいは人に添いあたる平添構造である。笙《しょう》という垂直に保持する楽器や篳篥《ひちりき》という人体から突出する楽器は雅楽のなかにとじこめられて世間に出ずじまいのいわば骨董品であろう。また、江戸時代に琉球から三味線といっしょに入ってきたタテ方向に保持し曲線状の音を出す胡弓のいうバイオリンに似た弓奏楽器も普及しなかった。古く雅楽で使われ、江戸時代には虚無僧が愛用した尺八は、日本唯一の突出楽器といえる。それにくらべて西洋の楽器は、バイオリン、チェロ、オーボエ、クラリネット、ホルン、トランペットなど突出系が圧倒的に多い。

6　日本刀は箸や平入り建築と同じ平添の構造である。ヘラのように完全な平添ではものは切れない。日本で太刀が式刀として用いられ、西洋で突剣が式刀として使われてきたことは、平添が日本文化の正系の様式であり、突出が西洋文化の正系の様式であることのあかしである。

諸文化の造形様式

私のいう造形の構造は、さきにいったように主として他のものとの関係を意味している。二種の構造のちがいは、簡単にいうと、さきの図式の説明で述べたように、一枚の板の上に突き出る別の板の高さをしだいに減らしていくときの二枚の板の関係のありかたのちがいであって、それは一つの構造内部で二極が対立し増減しつつ連続するさまを示している。ひとつひとつの造形の構造はこの二極間の連続線上のどこかに位置しており、それがその造形の様式であり、また、そうした諸造形の総平均として、どの文化の造形様式も、この二極間のどこかに位置している。

地表を見わたすと、太平洋地域、アフリカ、アメリカなどのいわゆる未開社会の地域では、彫刻や装身具が多くみられるところから総じて突出系の様式がおこなわれているとみてよいだろう。

大陸西方の諸文化については、西欧は今見たところだが、イスラム圏の諸文化も、宗教上の理由から丸彫りの彫刻はみられないものの、寺院や宮殿の球状天蓋、尖塔、螺旋塔、曲線模様で埋めた凹凸のある壁面、多様な装身具、円球性突出性のつよい楽器など、これもあきらかに突出系の文化である。

インドもまた、夥しい量の彫刻で埋めつくされる建築、豊富な装身具、円球性突起性のある楽器、回転する旋律と舞踊など、突出系の造形を主としている。しかしまた、衣服でサリーやドーティといった一枚の方形の布を横にまとう形態のものが古くからあり、これは平添系の様式である。

シナは平入りの家屋が多いこと、都市が塔状の突起がなく低平なこと、丸彫りの彫刻が少ないことなどは平添系を指示するが、円形の門・橋・建築・卓子、反り上がる屋根、複雑な模様をほどこす窓、曲線性に富む音楽・舞踊などは突出系である。塔のほとんどは仏塔であるが、仏教と関係のない高層の楼閣（黄鶴台、岳陽楼など）もあり、すでに漢代の土製品に四層、五層の建物の例がある。衣服は、戦国時代や漢代を含め明代以前の風俗画や人形の示す衣服は、キモノと同じ合わせ衿の形式（平添系）であって、しかも装身具を身につけていない。詰め襟形式の胡服（突出系）は騎馬風俗とともに戦国時代以降徐々に漢族社会に入ってきたといわれる。音楽や舞踊では京劇の示すのは明らかに突出系である。シナは今日みるかぎりこのように双方の様式が入りまじり感覚混淆である。

朝鮮は、家屋は平入り形式であり、衣服も男女とも合わせ衿形式であり、装身具を用いない。これは日本と同じである。また床に直接座るという座礼の風習も平添系の様式だが、音楽や舞踊には飛んだり跳ねたり回転したり賑やかな形態のものがある。

東南アジアのインドシナ半島やインドネシアの諸文化は、昔からインドとイスラムの文物の影響がつよく及んでいるので、土地本来の造形様式を識別するのはなかなかむずかしい。一般民衆の間では一枚の方形の布を身体に巻きつけ、一端を腰に留める袴（パーヌン、ロンジー、サロン）がひろく用いられ、履物もすべてサンダルである。起居の風習も椅子をつかわず、床にすわる。ジャワ島で私がみた農家の多くは藁ぶきの平入りの平屋であり、町家もゆるやかな反りをもつ面積の広い赤瓦の屋根をのせたやはり平入りであって、そのおだやかな姿かたちは沖縄の家屋とみまがうほどであった。また、音楽も哀調をおびて水平方向にのびひろがる感じのものがかなりあり、踊りも上下運動や回転運動のないヨコ方向のゆるやかな動きのものが多い。もっともタイの家屋はすべて妻入りであり、屋根をつよく反り上げている例もある。

古代アメリカのメキシコやペルーの文化は、少なくとも彫刻を量産していることや高いピラミッドを多数建造していることなどから、突出型とみてよいだろう。

以上のことから、突出系様式は西方の文化に多く、平添系様式は日本、朝鮮、シナ、東南アジアなど大陸東辺に偏っていることがわかる。日本はその中でもダントツの平添系である。ドアとちがって、障子・襖のように横にずらす引き戸(人の身体に添って動かす戸)の形式は日本にしかみられず、これは正に平添系ダントツの象徴である。朝鮮には昔はあったのではないかと思っていたが、私が現地で見たかぎり、ドア式の開き戸ばかりであった。世界遺産、世界遺産とよくいわれるが、もともと数の少ない平添系様式の造形が地上から消滅しつつある今日、日本の伝統文化全体が世界遺産というべきだろう。

日本史をみる

日本の歴史に目を転じると、造形様式の大きな変化がみられる。まず縄文時代は、よく知られる火炎状土器など複雑な器形と文様をもつ土器を産出した突出系様式の時代といえる。

つづく弥生時代は、土器が端正な形と平滑な器面をもつという平添系の造形があらわれた時代である。しかし指輪、腕輪、首飾りなどの装身具も使われている。古墳時代は、弥生時代の土器の平滑な形状を保っている。ハニワという彫塑品は一応突出系だが、彫りは浅く粗い。衣服は洋装に近く、装身具もまだ相当使用している。弥生時代の継続ながら平添系がいちだんと優勢になった時代とみられる。

平安時代は国風文化の時代として知られる。国風文化とは造形では大和絵、十二単、履物（下駄、草履）、鎧兜、楽器（琴、琵琶、横笛）など平添系の造形を揃えていることを指している。

この平添系文化の流れは江戸時代まで一貫してつづき、明治時代になって突出系文化と交替して、今日にいたっている。この趨勢は今後もつづき、再び平添系にもどる気配はなさそうである。

このように日本全史は突出系から平添系に移り、ふたたび突出系にもどる、という変化を示している。平添系の時代だけに留意すると、その時代はほぼ二千年に及んでいる。そしてこの時代が周囲の時代から浮き上がって一つのまとまりのある時代であったことを示す点に注目したい。

第2章で触れたが、私は拙著『八大文明』などで日本を含む八つの大文明を特定し（シュメール、エジプト、中国、インド、ギリシャ・ローマ、アンデス、日本、西欧）、それらに共通する特徴として各四五百年つづく四つの段階を経過することを指摘した。大文明の継続期間ないし寿命はしたがって千六百年から二千年となり、日本の場合は千九百年とみられる（西暦二〇〇／二五〇年のヒミコの時代から二〇五〇／二一〇〇年の現代まで）。この千九百年という日本文明の継続期間は今いう日本の平添系様式の継続期間とちょうど重なっているのである。

同時に注意したいのは、人類史を画期するのは農業革命と産業革命の二つといわれていることである。日本においては農業革命とは狩猟漁労から稲作農業への転換であり、産業革命とは明治時代以後の農業から工業への転換であるが、平添系時代はまさしくこの二つの大変動に画されている。

こうした様式の大変化はほかの文明にはみられない。西方の文明では突出系ばかりが見さかいなく延々とつづき、文明内部の文化変容を知る手掛かりにならず、また人類史の大変動を知る手掛かりも提供しない。その点で日本は人類史に貴重な資料を提供する珍しい文明といえるだろう。

仏教の様式をみる

仏教のものが集中的に見られるところは、仏寺と仏壇である。

仏寺は反りあがる屋根、円柱、曲がった木組（鬼斗・花肘木《はなひじき》・虹梁《こうりょう》・木鼻・蟇股《かえるまた》など）を具えた繁雑な形の建築であり、高くそびえる塔、饅頭型の多宝塔もみられる。寺院内陣には瓔珞《ようらく》、三道（首飾り）、腕釧《くしろ》、足釧などで飾られた仏像があり、その上に天蓋（華型天蓋、傘型天蓋、箱型天蓋）や幡《ばん》がシャンデリアのように天井から吊り下がっている。仏壇は華瓶《けびょう》、火舎、燭台、斗帳、華鬘《けまん》、磬《けい》、木魚など、やはり曲線性・円形性・垂直性の強い多様な造形で満たされている。そしてそのことによって、仏寺は村落や都市において、仏壇は住宅内部において、周囲と調和しないそれだけで孤立した空間を形作っている。それは神社や神棚が複雑でなく簡素であり、直線性・方形性・平面性・水平性の強い造形であって、周囲の住居や調度と調和しているのとよい対照である。

　この章のはじめに記したように、彫刻という立体造形は日本では仏教のほぼ独占であり、装身具という突出造形も仏教の独占である。塔という垂直造形も同様に仏教の独占であって、日本でほかに高い建物といえば城と火見櫓ぐらいのものであった。このように仏教は突出・垂直・立体という突出系様式のすべてを具えて独自の世界を作っていたのであって、いうまでもなくインドの様式をそのまま保持してきた結果である。日本文化と融合せず隔絶した姿勢がここにもある。この隔絶は何を意味するのか。

　様式は文化の核心にある。どの民族ももって生まれた感覚をもって空間に立ち向かう。そこに様式のちがいが生じる。

様式は人間心理の表現である。平添様式（平添・水平・平面）はものに添い、人に添い、地に添う心理が奥にあるだろうし、突出系様式（突出・垂直・立体）はものや人や地を対置し、衝突し、破砕する心理が奥にあるのだろう。しかし、どの文明・文化も双方の感覚をもち、程度がちがうだけである。それにしても仏教と日本文化のちがいは大変なものである。

未決の問題を解いてみる

私の図式によって日本文化と仏教文化のちがいをいっそうはっきりさせることができたと思う。この図式をまた日本史のいろいろの問題にぶつけると、役にたつことがあるので、若干思いあたることを記して参考に供したい。

以下はこれまで述べたところと部分的に重複するところがあるが、ご勘弁ねがいたい。

①津田左右吉（『文学に現はれたる国民思想の研究』[1]）は、平安時代が仏像のほかに彫刻を作っていない理由として、貴族が身体の活動をしなかったこと、また、貴族の生活が室内的であって社会的公共性をもつ彫刻に興味がなかったことをあげている。しかし、彫刻が少ないのは日本全史を通じていえることだから、氏の論法だと、日本全史を通じて日本人は身体の活動をせず、また生活が室内的であったことになる。彫刻という立体が彼らの感覚にあわなかったというだけではないか。またP・ローエル（『極東の魂』[2]）やB・H・チェンバレン（『日本事物誌』[3]）は、日本の芸術では風景が重要だから、風景の再現に適さない彫刻は発達しなかったのだといっている。しかし日本には人物画への好みも相当にあるではないか。

②野間清六（『装身具』[4]）は、日本に装身具の伝統がない理由として、装身具は元来肉体を露出する暑い国で発達したこと、また、西洋などで支配者が財力を誇示するために必要としたこと、をあげ、日本はそのいずれの理由も欠くから装身具が発達しなかったとしている。そうだろうか。ただたんに平添の伝統のためではないか。

③井上充夫(『日本建築の空間』[5])によれば、寺院建築は上代から奈良時代をへて平安時代にいたるあいだに、主建築中心の配置からしだいに諸建築平行の配置へと変化した。また個々の建築も四方対称形から扁平な形へ変化した。さらにまた、建築の内部構成も仏像の配置など立体的構成から正面から見られることを意識したやはり扁平な構成に変化したことを指摘し、この三重の変化を指して彫塑的構成から絵画的構成への変化と呼んでいる。この彫塑的構成から絵画的構成への変化とは、ここでいう突出系(突出・垂直・立体)から平添系(平添・水平・平面)への構造変化と符合しており、当時一般の造形様式の変化と連動する現象とみられる。

④太田博太郎(『日本の建築』[6])は、日本人が畳の生活をすることについて、古墳時代までの豪族の住居は高床式であったので、目の高さに差を設けて身分差を明確にするのに役立つ椅子を使う必要がなかった。その習いが今日まで残ったのだといっている。しかし、高床式は飛鳥時代にまでには消滅し、低い床の平地式住居が普及していくのだから、身分差を明確にするためには、その時点で椅子式に変わっていくはずであろう。太田はそのあたり説明をしていない。ま

た、太田の考えとは別に、畳敷きだとそこに寝ることもできて経済的である、というひともいる。そうだろうか。世界中いたるところ貧乏でありながら椅子やベッドを使っているではないか。

⑤日本の町は平屋建てがどこまでもつづき、高いものといえば城か火見櫓だけだった。二階建ては戦国時代の洛中洛外図屏風にわずかにあらわれてくるだけである。この二階以上の建物がない理由を、日本にはいたるところ山があって、眺望が楽しめるから、わざわざ高い建物を設ける必要がなかった、と説明する人がいる。山と関係させるとはどんなものか。

⑥縄文時代には東日本が繁褥な形と文様をもつ土器をつくる一方で、西日本がそれと対照的にほとんど文様がない単純な形の土器をつくっていたというちがいがある。その原因について、東日本ではサケ・マスなどの保存食糧が豊富であったのに対して、西日本では保存食糧が貧弱であった、というのが考古学一般の見解のようである。しかし、西日本では食料保存が一体必要だったのだろうか。それよりむしろ、この問題に食料を持ち出すというのは短絡ではなかろうか。単に、東の立体志向と西の平面志向という、伝来の造形様式のちがいとみ

たらどうだろう。縄文時代の釣針・銛・ヤスの出土例がほぼ東日本に限られること、青森ねぶたの豪勢繁縟な意匠、東北の古民家の躍動する曲線模様の屋根、生命感のあるスス窓など、様式同系の造形例が東北には数多い。

⑦谷川徹三は『日本の美の系譜について―縄文的原型と弥生的原型―』[7]のなかで、日本の造形美術には縄文土器の型を原型とする美と弥生土器を原型とする美との二つの美の流れがある、といっている。その例として貞観の仏像彫刻と藤原の仏像彫刻、桃山の障屏画と初期肉筆浮世絵、日光と桂、北斎と広重などをあげ、そのうち弥生的原型の美が優位を保ってきた、と述べている。この論は私の論より五年前に出されているが、私の論とよく似ている。ちがうのは、氏のいう縄文的原型と弥生的原型に対して、私が突出系様式と平添系様式を持ち出す点である。氏の論は日本文化に密着していて、その点強みであるが、その反面、氏自身いうように、伎楽面や仏像など国外から渡来した美術品をも縄文的原型の流れにいれていいのかどうか、問題になってくる。私の範疇をつかえばそうした難点は解消する。

⑧岡本太郎（『縄文土器―民族の生命力』[8]）は縄文土器の強烈な造形に心奪われ、

高村光太郎（『造形美論』[9]）は平安時代の仏画の荘厳美に圧倒された。彫刻家である両人の突出系様式と、縄文と仏教の突出系様式との共鳴だろう。

⑨田中比佐夫（『日本美の構造』[10]）は、明治以後の代表的彫刻家の出身地が東日本にかたよっていることをあげ、縄文時代からの伝統とのつながりを考えている。あたっているだろう。

⑩円空と木食。江戸時代に木彫りの仏像をつくった円空と木食の二人は美濃と甲斐という東国の出身であり、活動範囲も主として東国であった。その背景には平安時代に東国で盛んに作成された鉈彫りの伝統があるとみられる。これを溯れば縄文土器の伝統にゆきつくだろう。

⑪欄間は天井と鴨居・長押の間に採光や通風のために設けられた空間である。そこに化粧板をはめこむのだが、鎌倉時代の欄間は格子や菱格子のはめこみが多く、室町時代以降、浮彫りの欄間彫刻が盛んにつくられるようになった。この欄間彫刻というのは、立体志向が、文化の基礎にある平面様式に抑圧されて十全に開花できない姿とみることができそうである。欄間ではないが、中国にも平面に彫刻をほどこした浮彫りの木製・石製の造形が相当にある。

⑫宮本常一（『常民の生活』[11]）によれば、女性のモンペ姿は太平洋戦争まではだいたい岐阜県以東に多くみられたのに対して、西日本の労働着は一般に着流しだったという。男性の場合、東日本ではももひき、西日本ではフンドシが労働につかわれたともいっている。氏は「気候の影響のせいだけではなかった」としかいわないが、かたや東日本のモンペとももひき、かたや西日本の着流しとフンドシというのは、まさしく東の突出様式と西の平添様式の対立そのものである。土器の彫刻性の有無と同様、こうした衣服の様式も東西のちがいをはっきりさせている。それも私の理論の正しさを裏付けているとみえる。

⑬手袋には五本の指があって、ものをつかむのに便利だし、手を安全に守ってくれる。なのに、日本人はこの手袋を使わなかった。代わりに使っていたのは手甲という手の甲だけを覆うものである。これだと手の平は安全ではなく、手袋ほどに手軽でもない。どうして手甲なのだろうか。昔の人にきくと何と答えるだろうか。安全や便利の面ではそういえるだろうが、それでも手甲だ、と答えるのではないだろうか。平添の様式に着目すれば、キモノ、組紐、風呂敷、脚絆、日本刀など親族が出てきて後押してくるはずである。手甲は造形様式の力

が利便性を超越していることを示す好例といえるだろう。

⑭遠近法とは何ぞや。遠近法とは空間に遠近感を設ける技法である。日本では江戸末期の西洋絵画にならった浮絵（うきえ）や泥絵にはじまっている。やまと絵には遠近法がない。洛中洛外図屏風は遠方の景色を真近にひきよせて描いている。歌舞伎の舞台には奥行きがない。金屏風は遠景を遮断している。前にふれたソプラノやバリトンの声が日本の童謡・唱歌にはあわないというのも音自体がそなえる遠近法の有無のせいだろう。和洋の楽器音のちがいについても同じことがいえるのではないか。遠さをめざす西洋と身近にとどまろうとする日本のちがいである。

⑮美学者W・ヴォリンガーは『抽象と感情移入』[12]のなかで、古代エジプトなど古代東方諸民族は立体を抑制し平面化した抽象的芸術を創りだしたが、それは変転きわまりない三次元空間の外界の諸現象に悩まされ、それから逃れ救われんとしたためである。それは外界と親和の感情で結ばれた古代ギリシャ人が立体空間そのままの彫刻芸術を作ったのと対照的である、と述べている。有名な論であるが、問題になるのは、その説が正しいならば、なぜ古代東方民族は立体空間

からの恐怖からの完全な救済のために彫刻を含む立体を全く排除した平面だけの芸術を作らなかったのか、という点である。ヴォリンガーはそれに触れていない。それはそれとして、この論は平面の造形をとりあげている点で私の論と接触する。しかし、ヴォリンガーのいう平面は立体という文明の大様式のなかにあらわれている付属の性質にとどまるのに対して、私の平面は立体様式に対立し、否定する文明の大様式そのものであるという、いちじるしいちがいがある。また、それぞれの平面の心理も、前者では存在への恐怖・不安・逃避、後者では存在への敬意・親近・平添である。

似て非なる論

ここで私の造形様式論と一見似たような考えが出されているので、触れておくことにしたい。芳賀綏（『日本人らしさの発見』[13]）のいう凹型文化と凸型文化のことである。芳賀のいう凹型と凸型のちがいとは、造形の型のちがいではなく、民族心理のタイプのちがいである。しなやかさ、やさしさ、なごやかな心情が凹型であり、けわしさ、はげしさ、敵対的な心情が凸型だとする。それを凹凸という造形のかたちを借りていうものだからまぎらわしく、私の造形様式論と同類とされて、これまで私の面前で同じような考えではないかといわれたことがある。しかし、くりかえすが、この凹凸は譬えとしてもちだされているにすぎず、造形とはまったく関係がない。芳賀は自説をさらに造形の領域にまで適用しようとつとめているようだが、凹の形にならざるを得ない椀や鉢などを除くと、凹の造形が日本には皆無に近いことからも正しくないことは明白である。ちなみに先後関係をいえば、私の論は芳賀の論より三、四十年前に出されているものである。それに氏のいう民族心理の分析もすでに私を含め先達がおこなっていたものである。誤解をといてほしいものである。

普遍的な様式理論を求めて

さて本題にもどって、外国人は京都や奈良や日光をみて、これが日本かと思い、ほかに日本の造形美があるとは考えないだろう。日本人自身にしても西洋の美術や日本史の教科書にのっている仏教美術を一生脳裏に保存していて、それを上等の美だと考えている。

それはこれまで西欧や仏教の造形を判断する基準とは別の判断基準がなかったためといえるだろう。私の造形様式論はその新しい判断基準となって、日本的造形が西洋的ないし仏教的造形とは別の対等の世界様式であることを明らかにしてくれると思う。

私の考えは歴史学、建築学、考古学、民族学、民俗学、美学などと関係するが、なかでも美学に一番関係が深い。ところが、四〇年以上も前に出された理論だというのに、美学界で知られていない。

美学では客観的で普遍的な様式理論が求められているのだが、これまで出された様式理論は一様に普遍性に欠けている。

有名なH・ヴェルフリンの『美術史の基礎概念』[14]にしても西欧美術の十六世紀ルネサンスから十七世紀バロックへの美術の展開を解説したにとどまり、地域と時代に限定されていて、普遍的な理説とはいえない。W・ヴォリンガー（『抽象と感情移入』）の対象は古代東方芸術とギリシャ芸術に限定されている。A・リーグル（『後期ローマの工芸』）は唐草文様の発展をエジプト、ギリシャ・ローマ、西欧に後づけただけである。日本の九鬼周造の『いきの構造』[15]は、江戸時代の美的概念である「いき」と、上品－下品、派手－地味、意気－野暮、甘味－渋味などの価値判断との関係を扱ったものであって、やはり地域と時代に限定され、普遍的ではない。

客観的普遍的な体系でないと、地上の諸文化の芸術に対等に向きあうことができない。この客観的普遍性に加えて、さらに完全な体系であるためには、自己完結性と対極性とが必要とされる。自己完結性とは理論が閉ざされているということであって、それだけで満ち足りていて、外から補充する必要がない、ということである。そしてそのためには理論が対極を具えていなくてはならず、それあってはじめて自己完結することになる。そういう形の理論であってはじめて、およそ存在するあらゆる造形に対処できるというものだろう。

竹内敏雄（『美学総論』[16]）によれば、パノフスキー、フランクル、フォルケルト、ペーターゼンなど西洋の美学者たちはそうした理想の様式体系をつくろうとして工夫を凝らしているが、こうした人達の試みは私のような幾何学的図式によらず概念の組み合わせをたよりにしている。竹内敏雄や山本正男もやはり理想形を追求しつつも、同様に概念をあれこれ組み合わせるにとどまっている。竹内は客観的と主観的、静的と動的、即実的と想念的という三つの対概念をもちだし、山本（『芸術史の哲学』[17]）は自我中心的と世界中心的、観照と感動、理念と形象というやはり三対の概念をもちだして、それによってさまざまな様式現象は秩序づけられるといっている。しかし、そうした概念装置では隙間がいっぱいあって、修正補充がいくらでも可能であり、自己完結はおぼつかないではないかと思う。概念でなく、なんらか幾何学的な図式でないとその辺うまくいかないのではないか。

私の様式理論はそれぞれ対極を具える三系列の構造を扱い、一つの自己完結して閉ざされた客観的普遍的体系をなしていていると自負している。「天網恢々疎にして漏らさず」という言葉があるが、すべてを掬いとり、すべてをさばくことができる。これまで成功した例がなく、私の理論が唯一成功した究極理論ではないかと思う。

二種類の美を正しく識別しよう

以上のべたように私の理論が様式論の理想型を実現しているということのほかに、注目していただきたいのは、美に二種類があることを明らかにした点である。美の世界は平添系の美の世界と突出系の美の世界とに二等分されている。一方は地上の大半の諸文化にみられ、他方はわずかに大陸東方の主として日本、中国、朝鮮にみられるだけである。しかも限定された時間、せいぜい二千年間に認められるにすぎない。多勢に無勢である。

しかし、理論上二大造形様式が互いに対等であるのに応じて、二つの美も対等であることは明白であり、それは無数の実例が証拠だてているところでもある。

二大造形様式の発見

私は私の指摘する二大造形様式の存在は世界的に画期的な発見ではないかと自負している。

二大造形様式の存在を心得ていれば、東洋に装身具が欠如し、彫刻が寡少であるいわれが理解できるはずである。日本に塔が欠如するという謎も解けてくるはずである。また、なぜ日本建築の正系が平屋であるのかとか、日本の部屋の正系が上下左右平滑な平面で構成されるのか、というわけも理解されてくるはずである。東日本と西日本の造形の相違もはっきりつかめるだろうし、仏教文化と日本文化の距離も測れるだろう。また、日本の正系の武器が日本刀であることのいわれも了解されるだろう。そうした造形ないし造形欠如のすべてが一つの構造を共有することで、一つの調和共鳴する世界を形づくっているのである。

西洋人はそのことを知らない。自分らのもっている様式と美のほかに対等の様式と美があることを知らない。それゆえ、地表のすべての時代と地域の芸術を突出系の様式と美の尺度一本で裁断しようとする。

西洋人にはそれはやむをえないとして、ではどうして日本の美学者たちは作品にしろ、流派にしろ、理論にしろ、西洋のあとを追いかけてばかりいるのだろうか。それでは普遍的な美学はいつまでも隠されたままではないか。二大造形様式の存在を掲げて西洋の陣営に切り込んでいく人は出てこないのだろうか。せっかく二種の様式美の造形に恵まれている日本である。東洋美の正統性を確保しつつ称揚する責務が日本人にはあると思う。

第5章

風土のちがい

モンスーン

インドを含む南アジアや東南アジアは熱帯モンスーン地帯と呼ばれる。モンスーンとはもともとアラビア語で季節のことで、半年ごとにこの地域で北東風と南西風が交替する現象をさす言葉である。インドは二月から五月にかけて北方の山岳地帯から北東モンスーンが吹きおろす乾季である。気温が上昇して四十度を越えるという耐え難い暑さになり、雨は降らず砂漠に近い気候になり、各地に死者が出る死の季節の相を帯びる。それが六月に入ると海洋から南西モンスーンが激しい勢いで襲来して、猛烈な雨をもたらし、連日土砂降りで町も村も一面泥水で覆われる。それが十月までつづく高温多湿な雨季である。この豪雨のもたらす自然生の豊満な横溢のなかで植物も動物も人間も蘇生する。

乾季の飢えと渇きの苦しみと雨季の高温多湿はあらゆる抵抗を断念させるほどであって、この気候風土がインド人に固有の忍従と諦観の心理をもたらしたといわれる。無限に繰り返される乾季と雨季の交替は生を苦と観じ、繰り返すリンネの輪からの脱却の考えを生んだ。食物を得ることに労力がいらず、そのため勤勉や蓄財でなく分配の心理がはたらき、布施や喜捨の精神が育つことになる。所有は悪であり、無所有が悟りの条件となる。積極的な行為は苦しみを招くだけだから、無為が価値となる。リンネからの脱却には何も行わないことが大切になるという厭世的世界観だ。このように生は苦なりという認識から出発してリンネ的生存形態からの離脱を目的にするというのが、仏教、ジャイナ教、ヒンズー教などインド諸宗教の基本的な枠組である。

日本の風土と人間性はどうか。

日本は中国南部と同じく中緯度の温帯湿潤気候帯に属しており、春夏秋冬の四季があり、雨季と乾季のはげしい交替はなく、適当な年間雨量にめぐまれている。この自然風土は日本人の温順な性格に相応しており、節制と勤勉の労働倫理もここに胚胎するといわれる。

恵み豊かな自然の懐に抱かれれば、「ああはれ」とひたすら自然を称えあがめるばかりで、厭世の世界観も苦からの脱却も、彼岸も、悟りも生じることはない。生きているそのままの身体が脱落であり、悟りである。この現世界は明るいしっかりとして堅固な信頼のおける色（しき）の世界であって、空（くう）の世界、何もない空っぽの世界ではない。だから、観自在菩薩の勧めに応じて、呪文を唱えつつ彼岸へ渡ろうなどとは思いもよらない。

日本の印象

西洋人の目にこの日本の自然はどう映ったか、明治時代に来日したラフカディオ・ハーン、E・S・モース、パーシヴァル・ローエル、E・G・カリージョの言葉を引用してみよう。

ラフカディオ・ハーンは日本をはじめて訪れた最初の日のことを日記に記しているう。「朝の大気はいうばかりなくすがすがしい。この神爽な朝の気分は目に入る物の色合いからくるというよりも、大気の澄明からくるらしい。はるか遠方まで妖しいまでに澄みわたっている澄明な大気、生動している一幅の絵のもつ驚くばかり繊細な色調、おおらかにたたかく晴れ渡る夏空の青さ。日本の太陽の白くて柔らかな光。これこそほんとうに新しい心のすがすがしい生新なものだ。夢見るような恍惚たる現実の詩美である」（『日本の風土』[1]）。

E・S・モースは『日本その日その日』[2]のなかでいう。「この国の雲の印象はまったく素晴らしい。空中に湿気が多いので、天空を横切って、なんともいえぬ形と色をもつ、影に似た光線が投げかけられることがある。日没時、雲塊のあるものは透明に見え、それを透かして背後の濃い雲がみえる」。「日没の一時間前で、低い山脈はみな冷やかな薄い藍色、山脈のあいだに棚引く細い雲の流れは、あらゆる細部を驚くほど明瞭に浮き出させる太陽の光によって色あざやかに照らしだされる」。

注意されるのは、明治時代に訪れた西洋人に日本人の自然への関心が異性への関心よりも強いという印象を与えていることである。パーシヴァル・ローエルは言う。「日本人は女性の方に目を向けない。彼らの目には母なる大地の方がその娘たちよりもはるかに美しく映る。娘たちに与えられるべき愛情が母なる大地に与えられるのだ。その愛は熱情ともいってよいほどだ」。「彼らが樹花を愛するのは単なる園芸熱ではなく、それは一種の信仰である。自然崇拝に近く、何物も人格化されることはなく、あるがままに賛美される」。（『極東の魂』[3]）。

　またエンリケ・G・カリージョはいう。「日本人にとって自然を愛することは国の宗教のようなものである。実際、花に埋まった野原や蓮の花が浮かぶ池を見たり、青い山々に登ったり、杉林に沈む夕日を眺めたり、岩間を縫って流れる清流に見とれたり、花盛りの枝の下を散策したり、人気のない木陰でじっとしていたりすること、つまり一言でいえば美しい景色の場所ならどこへでも出かけるというのが、日本人の最大の楽しみであり、さながら逢い引きに出かけるかのようにいそいそとしている。富者も貧者も関係なく、西洋人が紅灯の巷に繰り出すように、風景観賞の団体を組織する」（『誇り高く優雅な国、日本』[4]）。

　またキリスト教長老バーネットは、志賀重昂（『日本風景論』）によれば、こんなことを言っている。「インドとシナでは貧民救済の試みは失敗したが、日本だけは貧民個々希望を懐抱し、社会的生活の真味を領するのは、土地分配の適宜をえたことにもよるが、また国民をあげて山野の美を絶愛することによる。すなわち相伴って花を賞し、単に自然の美をさぐらんとて巡礼行脚するの盛んなるは、世界中また日本人のごとき国民あるをみず。すでに国民自然の美を絶愛す。ゆえに居常熈々快暢《ききかいちょう》、また都門に入りて煽惑挑発を求むるなく、渾然融化して、おのずから貧を忘るるにいたる」。

白地と黒地

私はかつて『日本文明の原構造(5)』のなかで、日本を白地の国、インド以西の国々を黒地の国と形容したことがある。はじめから汚れのない白地では、汚れが生じても拭くだけで（みそぎさえすれば）すぐもと通りきれいになる。古くなっても次々に新しい清らかな生命が蘇る。それに対して、はじめから黒い地では、人は生まれつき業や原罪といった重い宿命を背負わされていて、それから逃れる術としては生涯苦行を重ねていくしかなく、それによって死後彼岸や天国の白光の国に入ることが許される。厭離穢土欣求浄土とはまさしくこの黒地の思想である。

黒地の宗教である仏教は、日本にきて現世性、世俗性を帯びた。鎌倉新仏教では罪業や彼岸の観念が後退して、名号によるだけの往生となった。現世はもはや穢土でなく、直心即浄土、所居即浄土、実相即諸法となった。外来文化の変容は土地の色による変化だから、土地の色を知る上で格好の材料になる。

それはまた日本がグロテスクな世界、妖怪変化の世界と縁遠いということでもある。西洋の美術館を見てまわると、骸骨、爬虫類、蜘蛛、蝙蝠、蛇、腐った魚や野菜など、不気味なものが描かれた古い絵画によく出会う。現代の絵画にも、ピカソ、ブラック、シャガール、ダリなどの絵には、人間の顔をした鳥とか、尾をもつ人間、二つに割れた人間の顔など、この種の異様醜形の形象があたりまえのように描かれている。

ヴォルフガング・カイザーは『グロテスクなもの(6)』のなかで、こうしたグロテスクなものの本質を論じていっている。われわれに親密な、みかけでは秩序整然としたこの世界が深淵からの勢力の侵入によって疎外され、支離滅裂となって、その諸秩序が混乱するのを経験することからくる現象である、と。グロテスクな世界とはつまりほかでもないわれわれが今生きているこの現世界のことである。それは日本人にとっては身震いするような恐怖の世界である。怨霊は日本史に現われ、化物は絵画にも文学にもでてくるが、ヨーロッパのグロテスクの世界とはスケールも深さも段違いの差だ。別物といっていい。

グロテスクはヨーロッパの現象だが、インドにも共通しているらしいことは、般若心経のあの吐息、現世界に吐きかける観自在菩薩のあのおどろおどろしい呪文の吐息によっても知ることができる。

この黒地の世界、グロテスクの世界は理性によるその克服を促して合理主義を生み出す母胎にもなったのではないかとも推測されている。

日本は黒地の世界でないから、深淵の存在を知らないし、知性の発達もさほどなかったとみられる。カール・レーヴィット（『ヨーロッパのニヒリズム』[7]）は「日本人はいまだ認識の木の実を食べていない国民だ」といっている。認識が木の実であり、知性が禁断の果実であるなら、日本は楽園であり、浄土だということになる。日本人の素朴な性格、言葉、それに知識を軽視する一般的傾向はこの発言があたっていることを裏づけているようにみえる。

日本の自然

日本の自然の特色は豊饒、多彩、生気、湿潤、温暖にある。一雨ごとに国土は浄化され、蘇る。川の水は清く、山は青く輝き、野や川に涼風が吹き渡る。イマのココが光まばゆい気の生動する世界であるとき、人びとが眼前の具体なものを愛し、その間近で平らに寄り添おうとするのは当然であろう。

日本の自然の美について西洋人の言葉を先に述べたが、日本人ではなにより志賀重昂の『日本風景論』⑻をあげなくてはなるまい。

志賀はまず、日本の自然美が（一）気候・海流の多様多変なこと、（二）水蒸気の多量なこと、（三）火山岩の多いこと、（四）流水の激烈なことから生じたとしている。そして、「誰でも自分の故郷の美しさをいうのは当然だが、日本人が日本の江山の洵美をいうのはただ自分の故郷であるためだけではない。実に絶対上日本の江山が洵美だからだ。外国人はみな日本を現世界における極楽土として歩き回っている。思うに浩々たる自然はその大工の極を日本に集めている。それが日本風景の世界に冠たるゆえんだ」といっている。そしてなかでも山岳の美を賛仰していう。「山に彩色の絢煥あり。雲の美、雲の奇、雲の大あり。水の美、水の奇あり、花木の豪健磊落なるあり。万象の変幻や、かくのごとく山を得て大造し、山をまちて映発するのみならず、その最絶頂に登りて下瞰せば、雲煙脚底の起こり、その下より平面世界の形勢は君に向かいて長揖し来たる。君ここにいたりて人間のものにあらず、さながら天上にあるがごとく、もしくは地球以外の惑星よりこの惑星を眺観するに似て、真に胸宇を宏恢し意気を高邁たらしめん。大気の清新洗うがごときところに長嘯し、四面の闃然寂静なるうちに潜思黙想せば、君の頭脳は神となり聖となる」と。

志賀が漢語を累々と連ね、植物の蒼翠秀潤、山光水色の明媚、緑陰水畔、清冽晶明、花や玲瓏、水や晶明、重い岩石に水の散沫の激するごときこうした豪壮な筆致にはだれしも心躍り血沸く思いがするだろう。

次に徳富蘆花の文章をみよう。春の夜を叙景して、「戸を明くれば十六日の月桜の梢にあり。空色淡くして碧《みどり》霞み、白雲団々、月に近きは銀のごとく光り、遠きは綿のごとく和《やわ》らかなり。春星影よりもかすかに空を綴る。微茫月色、花に映じて、密なる枝は月を鎖してほの闇く、疎なる一枝は月にさし出でてほの白く、風情言い尽くしがたし。薄き影と薄き光は落花点々たる庭に落ちて、地を歩む、さながら天を歩むの感あり（「花月の夜」）」。

また秋の朝の景色をのべて、「凩《こがらし》は忘れたるように止みぬ。先の程まで騒々しく頭を掉《ふ》りたりし庭前の桜樹も描けるごとく静まりて、枝より枝にひき渡したる蜘蛛の糸の一微動だに見るあたわず。凩の吹き集めたる落ち葉はそこに一堆、ここに一積、静かに伏したり。庭に立ちて空を望むに、地平線より天心に到るまで一点の雲なく、晶瑩《しょうけい》玲瓏、明鏡よりも澄み、碧玉よりも匂やかに、深淵よりも光を含み、名工の鍛える秋水よりも冴えたり。高く澄明なり。天地は乾々浄々、空はいよいよ高く、空気はいよいよ澄み、日はいよいよ明らかに、瑩々《けいけい》として宇宙は一の璧《たま》となりぬ。自然はこの上に完き秋日を与えることあたわじ（「凩の後」）」（『自然と人生』[9]）。

最後に掲げるのは貝原益軒の「限りなき楽しみ」と題する文の一節である。「天地万物の景色のうるわしきを感ずればその楽しみ限りなし。この楽朝夕目の前に満ち満ちてあまりあり。これを楽しむひとは、すなわち山水月花の主となりて、人の乞い求むるに及ばず、財もて買ふにあらざれば、一銭も費やさず、心に任せて欲しきままに用ふれども尽きず、常にわが物として領すれども人諍はず。何となれば山水風月の佳景はもとより定まれる主なければなり。かく天地のうち窮まりなき楽を知りてたのしむ人は富貴の奢りを羨まず、その楽しみ富貴に勝ればなり」。

以下私のつたない文を掲げて、以上先達の自然帰依賛仰の声に和したいと思う。日本列島は国土の七割が山地で占められ、山が清新であるように、国土全体が清新で神々しい自然の生気に包まれている。

春の新緑の森、夏の白雲沸く海、秋の紅葉の川辺、冬の雪山。どこにもわれわれの見いだすのは生命の色と薫りと響きである。碧い淵と波立つ早瀬を織りなして白い玉石の河原をながれゆく清流。幾重にも連なる紫と青と緑の山々。空渡る風のすがすがしさ。蝉の声に騒然たる夏の昼。山は緑に萌え、川はさざめき歌う。白砂青松の浜。冷爽な秋の川辺、春の宵の陶酔する気分、冬の清艶な夕暮れ。神社の境内に湧く泉水。秋の田に波打つ黄金の稲穂。海水の光輝。

なかでも私の記憶に残るいくつかの景観を連ねれば、美保半島から真近に望んだ紫靄に包まれた夕暮れの富士の峰。私は山紫水明とはただの美辞麗句かと思っていたから、雲間から現われ出た真実紫色の峰を目のあたりにしてしばし恍然時のたつのを忘れていた。また、浜名湖で釣ったばかりのカレイの奥深く茶金色に輝き、ぬめり、うねる姿に、これこそ生命が神域にあることのしるしと感動したものである。さらにまた、琉球の島々をめぐる文字通り七色の海。この物理的な世界がこんなにも生命感にきらめく神の境をうみだすとは、いかなる秘密が世界の奥にあるのだろうか。日本書紀崇神天皇六十年に「山河の水くくる御魂、静かかる甘美御神」とある、古人が見入ったと同じ水底に、私たちも神を見る。

日本列島のことを英語の雅語で bountiful festoon islands「豊饒な花纜《はなづな》列島」と呼ぶことを私は増田悦佐の著書からはじめて知った(『奇跡の日本史』[10])。花・茎・葉で編んだ花づなとは言い得て妙である。北方諸島から北海道、本州、四国、九州を経て琉球諸島へ連なる大小の島々は、日本海をはさんで大陸の外に一本の飾りの優美なつなを渡したようにみえるからだ。それを花づなといったのだ。見えるだけではない。魚介の美味、果実の芳醇、五穀の豊饒、産物のどれをとっても地上最高の味覚を約束してくれる。人文の活動をみても、歴史の華麗さ、文化の絢爛さ、驚くばかりだ。「地理上の形が優雅であるだけでなく、そこに住む人々の生活も優雅だった。近代市民社会が成立するまでこんなにも優雅な文明を維持しながら、生き延びた国民はほかにはいない。ところが、これだけ幸福な星のもとに生まれた日本人が、自分たちはどれほど幸せな歴史を生きてきたかということをほとんど知らない」。それはどこからくるかといえば、増田によれば、火山帯が間断なく地表と地中の土壌を攪拌してくれるからである。

そのような活発な火山帯の土地には時折大きな地震がおこる。しかしヨーロッパの農民たちが何千年と耐え忍んできた戦争、迫害、掠奪、虐殺にくらべれば、なにほどの苦難だろうか、といっている。日本の風象の美は火山のおかげだとは、志賀重昂もいうところだが、それを思えば、増田もいうとおり地震津波も耐えられそうな気がする。

筆者はキリスト教徒の家庭に育った。しかし中学の終わりごろまでには教会へ行くことも賛美歌を歌うこともなくなっていた。ガリラヤとかポンテオ・ピラトとかベツレヘムといった異国の名前になじめなかったし、なにより人が生まれつき原罪を背負っているなどというキリスト教の核心の教義にどうしてついていくことができなくなったからである。今も同じであるが、それでも彼ら教徒間の清廉な交際や清貧を尊ぶ生活ぶりには深い敬意を払わざるをえない。

私がそのキリスト教をも忌避するのは、自分のうちにみずからをとりまく自然への絶大な信頼があるからである。人世が苦に満ちたものであっても、自然は私を受けとめ、支えてくれる。くりえし襲ってくるこの世の苦しみにくじけそうになる自分を支えてくれるのはこの自然である。強クアレ、正シクアレ、清クアレ、といつも語りかけてくる。そのような人格性をそなえた師表としての自然に私は帰依帰順する。それだけである。お経も賛美歌もいらない。日本は無宗教の国だというが、ほんとうはこれほどの宗教の国はないのではないか。最後に休むところは樹木の下であれ、野の草むらであれ、川べりであれ、えらぶところはない。

第6章

日本文化再考

ワビ・サビとは何ぞや

第3章では日本文化と仏教の関係について述べたが、そのなかで日本文化が独自であることの一端が明らかになったと思う。ここではさらに考えを進めて日本文化の理解を深めてゆきたい。[1]

鎌倉室町時代の文芸にはよその文化にはみられない奇妙ともいえる特質が指摘できる。奇妙な特質というのはワビとかサビという侘しい・寂しい感覚のことである。それらがことさらに高い評価をえていたことの不思議を思わざるをえない。それが他の文化にないものだけに、そこにまさしく日本文化の独自性が顔をのぞかせている。

奈良時代・平安時代の歌には花鳥風月が歌われていることが多い。ところが鎌倉時代・室町時代の歌になるとむしろ侘しい、寂しい叙景の歌が多い。侘しい、寂しいでは人を励ますことはできず、世のためにならないように思える。わび・さびはそれ自体消極的価値である。なぜマイナスの価値を選びとるのか。

その不可解を解く理由としてこれまであげられてきたのは

（a）**気候**──たとえば沖縄のひとが冬枯れの灰色の東京をみてワビ・サビが理解できたといった類い。

（b）**時代の相**──鎌倉室町時代の戦乱、飢餓、疫病の殺伐たる世相から生じたとする。

（c）**代償作用**──苦痛不満を和げるために代償としてささやかな満足を求める。

といったところである。

しかし、理由（a）では、日本のほかにも似た気候の地域が世界に多数あるのにそうした価値転換の例はない。（b）も同様、殺伐の世は世界共通なのに価値転換はよそにはみられない。（c）は豊かな金銭や物資に恵まれた貴族や富裕商人が率先してワビ・サビを唱え、一世を風靡したのだから、代償作用とはなかなかいえないということができる。いったい何がこの現象を引き起こしたのだろうか。

まずワビからみてゆくことにする。

茶の湯のもとは室町時代の書院の茶である。書院の茶は屏風を立て並べた広い部屋に大勢のひとが集まって唐物の器や絵を鑑賞しながら茶を喫する遊びであったが、将軍足利義政が村田珠光を師匠に定めて茶礼に親しみ、それがきっかけで茶の湯がひろくはやるようになった。珠光は書院に代えて草庵で茶を喫するワビ茶を創案した。書院座敷の茶が高雅な気品をそなえた端正な形の唐物の器を用いたのとちがって、珠光は素朴な形とひなびて土臭い色の茶器を用いた。『南坊録』によると四畳半の座敷を作り、壁を白張りにし、天井に杉板を張り、一間床を設けてそこに大幅の絵を掛け、台子を飾って茶を点てた。

彼のあとを継いだ堺の豪商出身の武田紹鴎は、珠光の四畳半の茶室の白張りの壁を土壁にしたり、木格子を竹格子に変えたり、障子の腰板を抜いたりして、より簡素なしつらえにした。また茶道具を唐物にかぎらず高麗もの、南蛮もの、和ものにまで広げた。『南坊録』に「紹鴎ワビ茶の湯の心を、定家の見渡せば花も紅葉もなかりけり浦の苫屋の秋の夕暮、この歌の心にてこそあれと被申しと也」とある。このわびしさはさらに高じて、心敬の「連歌は枯れかじけて寒かれ」をひいて、「茶の湯の果てのその如くなりたき」とまでいっている。

また『紹鴎侘の文』には「侘という言の葉はちかくは正直に謹み深く、おごらぬさまをいう」とある。これはわびという美的価値と道徳的価値をいっしょにした感じで奇妙にひびく。

この道徳的な説教調は紹鴎のあとの千利久にもみられる。千利久は紹鴎の茶室を三畳、二畳、一畳半と一層簡素な形にしたが、ワビについて「小座敷の茶の湯は第一に仏法をもって修行し、道を得ることである。雨はもらぬほど、食は飢えぬほどで足りる」という風に、修行がその本意だといっている。

『禅茶録』も同様、茶道におけるワビについて「それ、侘とは物足らずして一切我意に任せず蹉跎《さだ》する意なり。その不自由なるも不自由と思う念を生ぜず、不足も不足の念をおこさず、不調も不調の念を抱かぬを侘と心得べきなり」と説いている。

次にサビについて見る。

サビは鎌倉・室町時代の諸芸能、わけても和歌・連歌に共通する美的理念である。サビの参加者に俊成、西行、心敬、宗祇、利久、芭蕉とその一門がいる。

藤原俊成は和歌においてサビの発見者といわれる。歌合の判定基準にサビをつかって、例えば『住吉社歌合』で「住吉の松吹く風の音たえてうらさびしくもすめる月かな」の歌を「すがた言葉いいしりて、さびてこそ見え侍れ」と評した。また西行の自歌の判定を頼まれて、「月見ばと契り置きてしふる里の人もや今夜袖濡らすらん」の歌を「心深くして姿さびたり、あわれ殊に深し」と評価している。

その西行には「問うひとの思い絶えたる山里のさびしさなくば住みうからまし」、さびしさがなかったらどれほど住みづらいだろう、とさびしさを謳った歌がある。

連歌の心敬は『ささめごと』のなかで「昔、歌仙に会う人の、この道をばいかやうに修行し侍るべきぞと尋ね侍れば、「枯野の薄あり明けの月」と答え侍りしとなり。これいわぬところに心をかけ、ひえ、さびたる方を悟り知れとなり」と述べている。また『所々問答』にも「古賢云、常に気高く寒き名歌をならべて詠吟修行して、心をさび高くもて」と言う言葉がみえる。これまたサビの賛美である。

宗祇は連歌の師匠である。宗祇が張行した連歌百韻『水無瀬三吟』には「雪ながら山もとかすむ夕べかな」、「行く末とほく梅にほう里」、「川風に一むら柳春みえて」などの句が連なっているが、どれもサビ・ワビの情緒に満ちている。

芭蕉は紀行文『笈の小文』の冒頭で「西行の和歌における、宗祇の連歌における、雪舟の絵における、利久が茶における、その貫道するものは一なり」といった。芭蕉でワビ・サビの意のこもる句といえば、「旅人とわが名呼ばれんはつしぐれ」が思い浮かぶ。冬の訪れを告げるしぐれ、それは今日もなお多くの人びとの心をゆさぶる。

現代には「幾山河越えさり行かばさびしさの果てなむ国ぞ今日も旅ゆく」というよく知られた歌がある。これもさびしさの歌であるが、このさびしさの方は昔のさびしさとちがって一方的に消極的価値でしかない。それは今日私たちのもつ普通常識といえる。

この二つのさびしさの評価のちがいはどうして生じたのだろうか。昔のひとが「寂しさなくばうからまし」といったのはなぜだろうか。このさびしさは空っぽの空しさ、絶望感とちがって、この世とまだつながっている光の射しこむ世界である。その光が苦しみに満ちた世界からの救いを約束する。そのようにいえるかもしれない。しかしそれだけでは何百年ものあいだ、貴賤老若諸人そろってワビ・サビを唱えてきた理由としては十分ではなかろう。美的価値を突き抜ける激情が必要である。

ワビ・サビが道徳的宗教的な教えと結びついているのはいまみたとおりである。なぜ遊芸が道徳宗教にむすびつくのか。『わび』の著者数江教一はそのあたりを「遊芸がモラルに結びつくのは不思議というほかないが、この問題は従来の茶道史の研究によっては少しも明らかにされていない」と述べている。

私が思うには、これは道徳というよりむしろ宗教の問題である。修行とか悟りという言葉がよく出てくるのは、仏教の言葉を借りているが、この現世界を超えたところにいちばんの目標があるからだろう。日本は神人合一の国である。白光の国である。真言宗が唱えた即身成仏、日蓮宗が唱えた当体即仏、禅が唱えた即心是仏、これらの言葉は人は必ず成仏する、あるいはすでに成仏してしまっているということを意味している。どう転んでも救われている。草木山水すらも成仏し、その喜びにわいている。

この日本の特殊事情がほかの土地にはみられない美的価値を突き抜ける宗教性を遊芸に付与してきたのではないか。「寂しさなくばうからまし」とか「不足不自由でよし」というのは修行せずにはおれないからではないか。天恩に感謝して精進潔斎して身をつつしみ清貧であろうと願うからではないか。ワビ・サビだというのは、その求道心の発露ではあるまいか。宗教において評価は逆転して、消極的価値は積極的価値にかわる。それほどまでに日本人は現世を超えた宗教に生きる人々ではなかっただろうか。

明治時代に日本を訪れた外国人は、日本人が自然を愛するのは国の宗教のようなものだとか、樹花を愛するのは一種の信仰だ、などといっている。それを思い、これを考えると、日本は宗教の自然の国、宗教の人文の国だとつくづく思う。ともあれ、私はワビ・サビを以上のように解釈している。

第7章

ブッダとの対話

ブッダの言葉をまた想う

いま私はまわりに広い野がひらけたところで、涼しい木陰に座っている。遠く山々がめぐり、近くには松林が見える。頬をかすめる初夏の風が快い。私はじっと思いをこらし、ブッダの姿を思い浮かべ、その思想を反芻してみる。

ブッダはこういった。

自分は人が死んだあとはどうなるかとか、世界は有限か無限かとか、魂は永遠かどうかを考えたことはない。現実の苦しみを除くことが先決だ。自分が考えたのは苦だけだ。これこれは苦であり、これこれは苦の生起であり、そしてこれこれは苦の滅尽であると説いた。それを知ることで人生の最終目的地、寂静、正覚、涅槃の境域に達することができる、と。

ブッダのいうこの人生苦は普通にいう物質的な苦しみあるいは精神的な苦しみとは質がちがうようだ。人間だれしも逃れることのできない生得の苦しみのようだ。つまり世界苦のようだ。ブッダはそれを説明するのに五蘊（色・受・想・

行・識）とか六処（眼・耳・鼻・舌・身・意）といった感覚的知的装置をもちだし、それぞれがはげしい執着をもっていて人を苦しみに陥れる。「眼」でいえば、美しい姿かたちはひとを魅惑し、わがものにしようという欲求をおこさせ、それが無限に苦しみを生みだす。「耳」も同じであり、美しい音楽はひとを引きつけ、欲求をひきおこす。「鼻」も同じである。それから逃れようとするなら、形、音、香り、味、触感、快く魅力あるものすべてから身を遠ざけ、我執を断たなくてはならない。それらは無常（実体がないもの）であるのに、実在と思うから苦が生じるのだ。色《しき》は無常である。色を離れよ。厭い離れれば、貪欲が離れる。貪欲が離れれば、解脱する。解脱すれば迷いの生は終わる。

これがブッダの説の核心である。仏説のかなめである。

どうしてそんなことをいうのだろうか。苦しみがあるとしても喜びもまた人生にあり、生活を推進するエネルギーとなっているではないか。「阿含経典・諸天相応」にひとりの天神がブッダのいるところに来てこう話しかけるところがある。

「子をもつものは子によりて喜び
牛をもつものは牛によりて喜ぶ

人の喜びは依処あるによる
依処なきものは喜ぶことなけん」

それにブッダは答えていう。

「子をもつものは子によりて悲しみ
牛をもつものは牛によりて悲しむ
人の悲しみは依処あるによる
依処なきものは悲しむことなけん」

この対話に一端が示されるように、ブッダは人生をはっきり否定的にみている。人生は苦しみ、悲しみ、憂いを本質にする。ゆえに一見喜び、楽しみがあるようなものでも、どんな事柄でもすべて身から離しなさい。捨てなさい。そういうのである。

苦しみは生老病死にきわまる。それらのいずれにも禍を見て、みずから生きるもの、老いるもの、病むもの、死ぬものでありながら、迷いの生なき、無老、無病、無死の安穏な涅槃に到達することが最終目的である。涅槃に到ることとは、輪廻の忌まわしい繰り返しの人生を脱して彼岸に到ること、生から解脱することである。そのとき、生きるものすべての自由、解放があるのだ。

私には彼のいうことがわからない。たったいま目の前を二、三歳ほどの子供が歩いてくる。その顔はつややかで愛くるしい。目はきらきらと輝いている。手足は小さくて可愛いことこの上ない。どうしてそれから目も離せようか。美しい歌声が聞こえてくる。どうして耳をかさないでおれようか。おいしいものが目の前に並んでいる。どうして食べてはいけないのか。苦しみが集まってくるからだというが、やめればむしろ苦しみが増してくるではないか。

ブッダの死ぬまぎわの最後の言葉は「まこと諸行は無常にして生滅をこととする。生じるものは必ず滅する。その静まれることこそ安楽なれ」であった。しかし、愛するもの、家族、同胞、人類、そのために命を投げ出すことがわれらにとって生きがいであって、ひとり悟って寂静の世界に入ることなど、ひとりよがりの気ままな行動だ。その解脱の境地をブッダは「これでわが迷いの生涯はすべて終わった。清浄なる行はすでに成った。すべきことはすべて弁じた。これで思い残すことはない」といったが、それはわれわれには、世捨人、隠遁者の境地としか思えない。

ブッダはまた、存在一般について、、実在するとみえるものはすべて偶然が寄り集まってできたものであり、実体がなく幻のようなもの、影法師のようなもの、水泡のようなものだ、と言っている。存在するものすべては常住でなく無常だという諸行無常の思想である。

私たちにとってはしかし、実在するものは影法師ではなく、確固とした実体である。諸行常住、諸行実相であって、真実の存在である。いつみても今生まれたばかりと思えるみずみずしい花や樹木や眼前にひろがる景色がそのあかしである。過ぎ去って消えていってもすぐまた新たないのちが生まれてくるではないか。一日が淋しく暮れてゆくにしても、再び朝がきて世界はまた神爽な気に包まれて現れてくるではないか。そうした生命力の横溢する明るく、美しく、強い世界の真ん中にあるものがどうして世界が幻だという説を信じようか。

こうした私が到底理解できないことがブッダへの、さらには仏教への不満不信を私に生みだしている。いな、私だけでなく日本人一般にとってももともと縁が薄い思想だったのではないかという疑念が生じてくる。

私が思い耽っていると、ブッダが目の前に現われてこういった。君のいうことはそれなりに正しいのかもしれない。しかし私は自分の生きた時代に即して、また土地に即して説いたのであって、私にできるのはそれ以外にない。君の時代や土地とはずいぶんちがうようだ。インドでも後には私の説いたのとはちがう趣旨の仏教が出てくるし、やがては仏教ははやらなくなり、ヒンズー教にとってかわられた。それは時代が移ったせいだろう。日本は君がいうところだと風土がまるでちがうということだから、私の教えがあわないとなって当然だろう。要するに自然風土のちがいが問題だから、説教の是非の問題ではないようだ。しかし、日本では私の教えが今まで千数百年ものあいだ国教といえるほどにまでに広まっていたということは、仏教が日本の土地にかなった宗教だったということではないだろうか。そう言ったかと思うと、ブッダの姿はふっと見えなくなった。

なるほどもっともと聞こえる言葉だ。たしかに日本では仏教は千何百年にもわたってこの上もなく繁栄した。千数百年にもわたって王侯貴族は仏教を厚遇した。仏教は施政者から政治的経済的援助を受け、広大な荘園を所有し、その安定した基盤の上に存続繁栄した。しかし、その繁栄のもとはといえば、国の規模では鎮護国家という政治的目的や、貴族個人の面では加持祈祷という現世利益の目的があってのことであり、また総じて伽藍堂塔・彫刻・儀式の荘厳華麗に耽溺したり、極楽・地獄・輪廻といった異国の世界観に魅了されたりしてのことであって、鎌倉時代という一時期をのぞいては仏教は一貫してそうした世俗的な目的や興味の範囲にとどまりつづけた。空とか解脱とか悟りとかは僧侶にとっても知識にすぎず、まして庶民にとっては無縁な話にとどまった。そのことからして、ブッダがいったとおぼしき仏教は日本の土地にもかなった宗教だったのではないかという考えはあたっていないといえるだろう。

ところで日本仏教はブッダの説いた仏教ではなく、大乗仏教である。大乗仏教は西暦紀元一世紀、ブッダの死後五百年ほどたったころにインドで形成され、シナ、朝鮮、日本へ伝来した宗教であって、原初のブッダの教えとは別の性質をもっている。大乗（大きな乗物）仏教は原初の仏教を蔑視して小乗（小さな乗物）とよんだ。

大乗仏教が小乗仏教とちがうところは、小乗仏教では出家して特別修行したもののだけが悟りを開く。しかも自分ひとりだけの悟り、解脱を自分を鍛錬してめざす。現存したブッダを師表として、その教えに忠実であろうとする。それに対して、大乗仏教では自分ひとりの解脱でなく、衆生の解脱を目的とする。悟りを求めて努力する修行者として菩薩（観音菩薩、勢至菩薩、文殊菩薩など）を設け、また現実のブッダのほかに、数多くのブッダ（阿弥陀如来、大日如来、薬師如来など）を設定して、そうした超越者の助けをかりて解脱をはかろうとする。あるいは、現実のブッダを色身とし、普遍的なブッダを法身とする二身説が説かれる。また、現身の悟りや解脱にとどまらず、死後に極楽浄土に往生することを目ざすようにもなる。

小乗仏教と大乗仏教にはこうしたちがいがあるのだが、厭離穢土欣求浄土の思想、つまり地上を汚穢の地とみて、彼岸の浄土をひたすら希求するという宗教の肝心なところでは変わらずに同じである。さきに述べたように日本がもともと黒地の穢土でなく、白光の浄土であるとしたら、小乗であれ大乗であれ、およそ仏教なるものは本質的に日本にあわないといえるのである。

北伝仏教の中国・朝鮮・日本のうち日本仏教を際立たせる特色は、身心はすでに解脱していて、特別の修行を必要としないという点にある。真言宗は即身成仏をいい、日蓮宗は当体即仏を唱え、禅では即心是仏、即心即仏（この心がそのま

ま仏であること）を唱えた。この即仏の思想は日本仏教諸宗派の共有するところ
であって、仏教が日本の風土に化した現象といえるだろう。

また、解脱や悟りは本来人間だけの問題であるはずなのに、日本では草も木も山や川なども成仏するという「草木国土悉皆成仏」の思想が一般化している、というのも、仏教の日本化であろう。

日本仏教が現世利益の加持祈祷などを中心にしていたことはこのことからも容易に理解できる。

即仏の思想はこの地上を楽園、浄土、極楽とみるということであり、本来のブッダの思想あるいは般若心経の思想からの極度の逸脱であろう。すでに遠い昔から日本の仏教僧侶が戒律を守らず遊興にふけり、衣食みちたりて豪勢な生活をおくるようになっているということ、これは何の不思議でもない。

ブッダよ、どう思われるか、いちど日本にこられてはどうか。こられると、日本にはインドとはまったく別の天地が開けているのを目にされるだろう。また、あなたの教えがひどく変質していることに気づかれるだろう。さらにまた、あなたがすすめた清貧の生活は、日本では昔から仏教とかかわりのないところで、貴

賎の上下を問わぬ多くの人びとのあいだで永く尊重され、芸術芸能の世界ではさまざまな呼び名のもとに理念として追求されつづけたことを耳にされることだろう。

第8章

仏教寺院と税金

不平等の極み

仏教寺院・仏教団体に課せられる税金は驚くほど低い。たいていの人はそのことを知らない。私も最近までうとかったが、知ってたまげるばかりに驚いた。土地建物への固定資産税は無税である。不動産の取得・譲渡利益も無税である。道府県民税・市町村民税・事業税も無税である。預貯金の利子や株の配当なども無税である。出版業や旅館業などにしても、税金は軽減される。

この仏教関係に課せられる税金と、わずかな給料で汗水流して働き、狭い住居で暮らす公務員、会社員、労働者が給料への税金、住む土地建物への税金、地方税、食品その他への消費税、およそあらゆる方面から税金で責めたてられているのと比べるがよい。苛酷とさえいえるちがいである。

寺院とは僧侶、坊主のことである。坊主は無税、われらは重税。同じ日本人でありながら、なぜこんな差別をするのか。どうして国民は声をあげて抗議しないのか。

なぜ非課税か

仏教寺院・仏教団体は宗教法人である。法人には営利系と非営利系とあり、営利系には一般企業、株式会社などが属し、非営利系には学校法人、医療法人、宗教法人などが属している。法人には公共に益するという意味での公益法人という区分もあり、非営利系の法人は宗教法人をふくめて公益法人である。

営利と非営利の区別は、経済的利益をあげるかあげないかのちがいである。その区別に応じて、営利系法人である企業、会社などには課税され、非営利系の法人は原則非課税とされる。

営利系法人が課税されるのはもっともなこととして、非営利系公益法人が原則非課税であることには問題があるとされる。なぜなら、非営利系公益法人のうち学校法人や医療法人などは公益性が明らかといえるが、宗教法人に関しては、営利の面が相当程度認められ、公益性にも問題があるからである。

宗教法人が原則非課税である根拠としてあげられるのは、第一にその公益性にある。しかし、公益性がないとされる営利法人にも公益性があり、一般企業・会社が国民の実生活を基本的に支え維持していることからすると、その公益性は宗教法人の観念的な公益性をはるかに上まわるというべきである。公益法人というまぎらわしい名称の是非が問われるべきだろう。

原則非課税の第二の根拠は政教分離説である。政教分離説は、国家と宗教とを別扱いにして、宗教は国家に介入せず、国家は宗教に介入せず、という相互不介入の原則のことである。これは日本国憲法二十条にいう「信教の自由」を積極的に保証するものとされている。

しかし、信教の自由と政教分離とを直接結びつけるのはいささか無理がある。国家と宗教の分離がないと信教の自由が保証できないというのは、欧米の影響によるのと、また、国家神道体制下の宗教の抑圧の記憶があるからだろう。しかし歴史のちがう欧米の方式を真似する必要はないし、宗教の抑圧は今とは異なる体制のもとでの話だから、考慮に入れる必要はないだろう。政教分離説というのは結局、信教の自由の保証というのは表むきで、本音は宗教が国家に束縛されずに自由に振舞いたいという願望ではないか。自由に振舞いたいというのはなにより税金の面においてである。原則非課税の根拠が願望では根拠はなきに等しいといわざるをえない。

国家と宗教は本来別扱いにできるものではない。宗教組織が一定の国土に存在するかぎり、その国土の掟に従わなくてはならない。国土は基盤であり、宗教組織はその上に立つ一建造物にすぎない。したがって、国家は宗教に介入できるが、宗教は国家に介入できない。当然だろう。そもそも国家と宗教を相互対等のごとく捉えること自体不遜である。

現行の税制が宗教法人を優遇しているのは国から特権を与えられているに等しいのであって、憲法二十条にいう「いかなる宗教団体も国から特権を受けてはならない」、また八十九条にいう「公金は宗教上の組織の利用に供してはならない」と言う趣旨に反している。

宗教法人への課税の実態

宗教法人の課税はほかの法人にくらべてまことにややこしい。非課税とされる非収益活動と課税の対象となる収益活動が混在し、それらの境界が判然としない例が多いからである。

その実態をみてみよう。

本来の宗教活動は非収益だから課税されない。本来の宗教活動とは信者の教化育成、教義の広布、祭儀儀式をいう。所有する広大な土地、住宅、庭園もその宗教活動の範囲にとらえられて無税である。拝観料も無税である。布施、供養、賽銭、戒名料なども無税である。さらに、さきにいったように、預貯金・公社債の利息、株の配当、不動産の取得・譲渡利益も無税である。地方税の道府県民税、市町村民税、都市計画税、事業税も無税。固定資産税も無税。

宗教活動にともなう収益活動には物品販売、出版業、座貸業、旅館業、料理店業、遊覧所業、駐車場業などがあり、課税対象になるが、一般営利法人の二五・

五パーセントに対して、宗教法人は一九パーセントである。例えば、一億円の利益に対して一般には二五五〇万円が課税されるが、宗教法人に対しては一五二〇万円である。

このように国民一般への課税に比べて、宗教法人への課税は問題にならないほど低い。世界の中で日本ほどの宗教法人天国はないといわれる。宗教法人の筆頭はむろん仏教寺院である。坊主丸儲けといわれるが、これでは若い女性に坊主の嫁になろうという人が少なくないのも無理もないだろう。

京都の金閣寺・銀閣寺の住職で臨済宗相国寺派の管長に有馬頼底という僧がいる。金閣寺・銀閣寺の観光客は年間一千万人以上、拝観料は双方で四十五億円。この四十五億円は非課税だからまるまる彼の懐にはいる仕組みである。彼はまた東京青山の一等地にある屋敷を買い取って改修し、となりのマンションも買い取って豪壮な屋敷を立て「相国寺東京別院」「金閣寺東京道場」という名前を刻んだ門柱を立てている。この物件五十億円は現金で買っているといわれる。地目も宅地から境内地に変更しただろうから、不動産取得税、固定資産税など五億円ははらわずに済んだはずである。

長野市の善光寺の貫主である小松玄澄なる人物も女と金で有名である。彼は何人もの女と不倫の交際をつづけ、信徒総代から改めるよう誓約をとられながら、一向に改める気配はなく、寺に十日しかおらず、派手な外車をのりまわしている。手下の善光寺の坊主どもも夜になると、長野市の歓楽街におりてきて、風俗店で遊んでいるそうである。

こうした仏教僧侶の乱行痴行の話はわれわれの耳にいくらも伝わってくる。私の親戚のひとりはある寺の檀家だが、その寺の住職は、法事のときは法話など一度もしたことはなく、毎回金を払えばかりの説法で、おまけに檀家の複数の女性に手を出している、といって嘆いていた。

改革を進める

宗教法人への課税を改善しようという動きは前々からあったが、十年ほどまえから低調になって、国会でもマスコミでも取り上げられることが少なくなっている。

税制の改革を阻んでいるのは、仏教団体を背景とする政党が与党として幅をきかせ、動きを制止していることが大きい。その現況が変わるときはいつになるのだろうか。国税庁にとって宗教法人は聖域だそうである。所轄の文化庁も消極的である。日本人の八割は宗教を信じていないというのに、その無宗教人がどうして宗教法人にかわって税金を払わなくてはならないのか。国民全体のために宗教法人に課税せねばならないのは当然であろう。

これまでの宗教法人税制改革の論議は、まず宗教の高尚さとかさきにいった政教分離などの独立性などからはじめるのが常で、関係者はややこしく面倒くさがって宗教側の言いなりになるかたむきがあったようにみうけられる。宗教側はきまって公益性と政教分離説を盾にして向かってくる。面倒くさがらずに、楽に構えて、ビシビシ反撃論破していけばよい。

それを早早に実態中心の論議にきりかえて、東大寺、法隆寺、薬師寺、相国寺、知恩院、本願寺、金閣寺、銀閣寺など目ぼしい寺院それぞれについて、また創価学会について、所有する土地の総面積をあげ、非課税とされる諸項目を列記し、それらを営利法人（企業、会社）の土地ほか諸項目の課税額と並記して、同率の課税がなされたときの諸寺院や創価学会の課税額と収益が一目でわかるような図表を提示することからはじめたらどうか。

改革では、宗教活動をもっぱら祭祀、法要、説法に限定して、それが行われる土地と建物空間だけを厳密に区画しつつ非課税として、ほかの土地、建物空間、住居、行事などはすべて課税としたらどうか。寄付では布施、賽銭、供養など寄付の非課税はよいとして、土地の寄付や譲渡は見直すべきだろう。

改革は祭祀の場所と墓地をのぞく所有地のすべてに課税すること、また拝観料に課税することからはじめてはどうか。寺院の施設内部や庭園の拝観というのは物見遊山と同じであろう。それらの拝観は「もっぱら不特定または多数のものをして一定の場所を遊歩させ、天然のもの又は人工のもの、景観などを観覧させることを目的とする」という遊覧所業（法令五〇二八）となんらかわらないのである。

創価学会への税務調査はここ三十年近く行われていない。年間収入は一般会計（信者の寄付・布施）二千億～三千億円（無税）、出版などの収益事業一千億円、墓苑経営一千億円（軽減税率）。あわせて四千億円になるといわれ、それを支持政党に献金している。支持政党である公明党は「政治献金は慈善事業と同じ公的性格をもつから課税の必要はない」というが、「いかなる宗教団体も政治上の権力を行使してはならない」という憲法二十条に抵触している。さらに不動産資産・流動資産（無税）は十兆円近いとされている。それに課税すれば三千七百億円の税収が予想できるとされる。こうした莫大な収益をあげているのだから、創価学会が東京は信濃町にほぼ三万坪の土地建物を所有し、町を埋め尽くさんばかりになっているのも無理からぬことである。

日本の宗教法人のなかで仏教が筆頭の位置にある。日本仏教は渡来以来千数百年ものあいだ皇室と宮廷貴族・武士貴族という支配層からの多大な恩恵を受け、広大な土地と財宝を無償で与えられ、みずから労せずして巨大な富を築いてきた。現代の僧侶たちが広々とした屋敷庭園のなかでのうのうと暮らしを楽しめるのはこの遺産のおかげである。いまその溢れんばかりの恩沢に報いる時ではないか。国家から課税される前に、みずから納税を進んで申し出るべき時ではないか。国民と同率の税金をはらって、労と富を国民大衆と分かち合う時ではないか。

第9章

近代と仏教

新しい近代の見方

近代社会は宗教と相容れない要素が多くて、宗教が立ち位置を見いだすのがむずかしい時代のようにみえる。近代と宗教とはどう関わるのか、まず近代について述べてみよう。

近代は一般にヨーロッパ近代とみなされ、したがって近代化とはヨーロッパの近代社会をとりいれて伝統社会を変革することと考えられてきた。しかしこのところ、近代はヨーロッパとは質のちがう別種の社会だという見方が強まってきている。

この新しい近代の見方は二十世紀後半に現われてきた。「文明史には二つの大分水嶺がある。ひとつは一万年前の農業革命であり、もうひとつは十八世紀にはじまる産業革命である。産業革命にはじまる近代化とは工業化のことであり、政治的制度の如何とは無縁である」というハーマン・カーン（『大転換期』[1]）の見解に代表される見方である。

近代の本質

産業革命によってもたらされたということの近代社会の基礎となっているのは近代的自然観である。近代的自然観は自然を無機的な存在とみなして機械論的に理解する。われわれをとりまく一見生気にみちた現世界は無限小の原子に還元され、画一的な無限大の広がりとみられ、数学的な表現と方程式を軸とする抽象的普遍的な記号体系として表される。簡単には近代とは2＋2＝4だということである。

近代は西欧文明に発するとはいえ、西欧文明を超えたそうした普遍的な知識体系であって、いかなる宗教、倫理、イデオロギーに対しても中立であり、いかなる人種や国家や文明文化に対しても等距離にある。その特性は普遍的であること、客観的であること、累積可能であること、交換可能であること、進歩発展することである。そこには価値なるものはなく、倫理もなく、目的もない。

近代文明はこうして従来の有機的な文明とちがう無機的な文明であって、機械文明、物質文明ともいわれる。

近代の誤認

しかし近代はながくヨーロッパ近代とみなされ、ヨーロッパの一部とされてきた。

明治時代のはじめ、福沢諭吉はアジアに新しい西洋国を建てることを提言し、井上薫は鹿鳴館を建てて西欧の文化の模倣を奨励した。岩倉具視らが欧米諸国を視察したのも脱亜入欧のためであった。大東亜戦争の当時は西欧近代の考えは当然克服されたかと思われるのに、多くの知識人が「知的協力会議」を開き、結論を『近代の超克』(2)という論集にまとめているのを読むと、結局は「西欧の歴史と文化を根源まで溯って究め、西欧文明を内面からものにしてはじめて真の近代化が達成される」というあいも変わらぬ考えに落ち込んでいる。

二十一世紀の今日になっても『過ぎ去ろうとしない近代』(3)などの本を読むかぎり、日本の近代論はヨーロッパ史の内部からイギリスやフランスの近代の特質を拾い上げて、日本近代と比較するなどという非生産的な作業にいそしんでいる。

近代をヨーロッパ近代だと思い込んでいるところに混乱の原因がある。近代をヨーロッパ近代とみれば、そこにいたるヨーロッパ史の長い道程があり、近代化のためにはその道程を思想、政治経済、芸術、生活、すべての面で学ぶ必要が出てくるのは当然である。どだいできない相談である。それをやろうとすれば、いつまでも過ぎ去ろうとしない厄介な近代を抱え込んで窒息するだけである。観点をかえてのぞむなら、碧空の新天地へ一足飛びだというのにである。

海外派遣リーダーの悩み

近代は西欧に発するとはいえ、その本質は中立である。科学に本場というものはない。

日本の企業が海外に進出して、派遣されたリーダーが現地の欧米の使用人から尊敬されずむしろ軽蔑の目でみられていることに悩んでいる、そういう噂をときに耳にする。それに対応するにはどうしたらよいか。その一つの答えは日本の伝統文化でもって立ち向かったらどうか、日本独自の伝統文化なら彼らも認めざるをえないだろう、というものである。しかし、伝統文化なら、彼らにも伝統文化があるのだから、その間の優劣は決めがたい。むしろ逆にやり込められるかもしれない。だから、伝統財をもち出すのは考えものだ。欧米人は日本が科学技術を盗んだと錯覚している。そこを落さないかぎり、勝ち目はない。

科学技術は中立であり、本来どこかに所属するというものではない。すべての人が、すべての国が平等に参加できる近代の競技場で知の技を競って、それに勝って外国に進出しているということ、それだけを胸底にたたんでのぞめば、何をもおそれることはない、自若とした姿勢が保てるだろう。

近代の得失

近代のもつマイナスには大量破壊兵器、自然破壊、環境汚染、人口増大、資源枯渇などがある。さらには、難民、移住民の増大は各国を悩ましつづけている。

これらは人類の存亡に直結する弊害である。それを抑える手段はいまのところ見いだされていない。ただ大量破壊兵器の増大のおかげで、これまで恵まれなかった長い平和をいまわれわれは享受しているという反面はある。

それに対して近代のもつプラスは、人種民族の別をとわない人間の平等主義であり、それとあわせてまた国家の平等主義である。これまではヨーロッパを中にして諸国家がそれを囲む形になっていたのが、いまは近代が中心となって、ヨーロッパをふくめ各国家は中心から等距離に円形に並び、近代を経由してどこの国家とも自由に往来し、それぞれが平等対等の資格で真ん中に位置する近代の土俵で技を競いあう。このような事態は近代以前の世界にかつてなく、近代だけに生じたあきらかに大きなプラス、人類の一大進歩であろう。国際連合という組織もいまだに第二次世界大戦の戦勝国が特権を握る不平等を抱えているが、本来各国平等参加の人類協同のための組織であり、世界政府の役を果たしてくれている。

また、近代を経由するとき、世界の諸文明文化はすべて相対視され、客観化される。西欧文明も相対化されて、それに対するこれまでのようなひたすらな没入は避けられ、いたずらな劣等意識に悩まされることはなくなる。この欧米に対する劣等感、自己卑小視からの解放、これもまた近代のもたらした大きなプラスである。

私は『脱欧入近代(4)』という本を著したが、この脱欧入近代という主張に対して、「脱欧入日」あるいは「脱欧入和」ではないかという批判がある。しかし、脱欧入日では日本以外の国々が欠落してしまう。いったん近代へ入ってから入日する、でなくてはならない。この脱欧入日という考え方は近代をヨーロッパと同一視するところからきているのだろう。近代とヨーロッパを切り離して別物とみるときは、私の考えに落ち着くはずである。

最終の目的地

無機的で機械的な世界はしかし所詮わたしたちの安心立命できる場所ではない。われわれの休息できる場所は、身土不二の故郷の土の上のほかにない。脱欧入近代のめざす最終目的地は日本人にとっては日本であり、中国人にとっては中国であり、インド人にとってはインドである。

今の世界は有機文明と無機文明という二重構造になっていて、日本人の憩う最終の場所は昔と変わらない有機文明の日本である。無機の力が強ければ強いほど、私たちはこの故郷の土にあこがれ、日本本来のありかたを求めていくことになる。それしか明日の日本人の姿はないだろう。

仏教は日本の宗教ではない。このインド産の異教は、日本人はこれを政治的必要から、あるいは美的な趣味から迎えいれたものの、異なる本性から同化することなく、日本人の生活とは別の世界を形づくってきた。国分寺の五重の塔は権力の象徴にとどまり、庶民大衆の心のよりどころではなかったとみられる。反感は明治時代のはじめに廃仏棄釈の運動で一気に高まり、全国に寺院、仏塔、仏像の破壊が波及したが、意外にもわずかの年月で終息した。明治政府が新国家の建設経営に精根をかたむけ、廃仏運動にかまういとまがなかったのだろう。しかし人心は以後も離れ続け、寺院数は減少しつづけ、現代の仏教の役目はただ葬式だけというありさまである。

近代は故郷の純粋な文化に身をひたすときである。これまでの生き方を顧みて、新しい時代に即して自分に忠実な道を歩みはじめるときである。

日本には古来の神道という宗教がある。神道と私たちの宗教心とに共通するのは自然を尊崇し帰順する心である。くる日もくる日も、野であれ、山であれ、海であれ、田畑であれ、庭であれ、町中であれ、天空の彼方から送りとどけられる清爽の風と光のなかで生きる喜びが私たちにはある。その上、自然は私たちにどう生きていけばよいかを教えてくれる。私たちはただその言葉に従っていけばよい。これほど安らかで深い宗教がどこにあろうか。これから長くつづくであろう近代のなかをこの宗教を心の軸にして進んでいきたいものである。

注

第1章

(1)『ベラン世界地理体系12インド・南アジア』(朝倉書店、二〇〇七年)。

第2章

(1) 外村直彦『八大文明』(朝日出版社、二〇〇八年)参照。
(2)『禅家語録集』(「日本の思想10」、筑摩書房、一九六九年)。
(3) 堀一郎編『日本の宗教』(原書房、二〇〇五年)。

第3章

(1) 辻善之助『日本文化と仏教』(春秋社、一九五一年)。
(2) 津田左右吉『文学に現はれたる我が国民思想の研究』(岩波書店、一九五二年)。
(3)『民俗学講座5中世文芸と民俗』(和歌森太郎編、弘文堂、一九六〇年)。『日本民俗学講座4芸能伝承』(和歌森太郎編、朝倉書店、一九七六年)。
(4) 関野克『日本住宅小史』(相模書房、一九四二年)。

第4章

（1）津田左右吉前掲書。
（2）パーシヴァル・ローエル『極東の魂』（川西瑛子訳、公論社、一九七七年）。
（3）バジル・H・チェンバレン『日本事物誌』（高梨健吉訳、東洋文庫、一九六九年）。
（4）野間清六『装身具』（『日本の美術』、至文堂、一九六六年）。
（5）井上充夫『日本建築の空間』（鹿島出版会、一九六九年）。
（6）太田博太郎『日本の建築』（筑摩書房、一九六八年）。
（7）谷川徹三『日本の美の系譜について―縄文的原型と弥生的原型―』（「世界」昭和四五年九月号）。
（8）岡本太郎『縄文土器―民族の生命力』（「原色の呪文」所収（文芸春秋、一九六八年）。
（9）高村光太郎『造形美論』（筑摩書房、一九四九年）。
（10）田中比佐夫『日本美の構造』（講談社現代新書、一九七五年）。
（11）宮本常一『常民の生活』（「東日本と西日本」所収、日本エディタースクール出版部、一九八一年）。
（12）ヴィルヘルム・ヴォリンガー『抽象と感情移入』（草薙正夫訳、岩波文庫、一九五三年）。
（13）芳賀綏『日本人らしさの発見』（大修館書店、二〇一三年）。

(14) ハインリヒ・ヴェルフリン『美術史の基礎概念』(守屋謙二訳、岩波書店、一九三六年)。
(15) 九鬼周造『いきの構造』(岩波書店、一九三〇年)。
(16) 竹内敏雄『美学総論』(弘文堂、一九七九年)。
(17) 山本正男『芸術史の哲学』(美術出版社、一九八七年)。

第5章

(1) ラフカディオ・ハーン『日本の風土』(「外国人の見た日本3」所収、大久保利謙編、筑摩書房、一九六一年)。
(2) エドワルド・S・モース『日本その日その日1』(石川欣一訳、東洋文庫、平凡社、一九七〇年)。
(3) パーシヴァル・ローエル前掲書。
(4) エンリケ・G・カリージョ『誇り高く優雅な国、日本』(児島桂子訳、人文書院、二〇〇一年)。
(5) 外村直彦『日本文明の原構造』(朝日出版社、一九七五年)。
(6) ヴォルフガング・カイザー『グロテスクなもの』(竹内豊治訳、法政大学出版局、一九六八年)。

（7）カール・レーヴィット『ヨーロッパのニヒリズム』（柴田治三郎訳、筑摩書房、一九七四年）。
（8）志賀重昂『日本風景論』（岩波文庫、一九九五年）。
（9）徳富蘆花『自然と人生』（日本近代文学館、一九七九年）。
（10）増田悦佐『奇跡の日本史』（PHP研究所、二〇一〇年）。

第6章

（1）本章の記述は次の二書に負うところが多い。
数江教一『わび』（塙書房、塙新書、一九七三年）。
復本一郎『さび』（塙書房、塙新書、一九八三年）。

第9章

（1）ハーマン・カーン『大転換期』（風間禎三郎訳、TBSブリタニカ、一九八〇年）。
（2）『近代の超克』（創元社、一九四三年）。
（3）遅塚忠躬・近藤和彦編『過ぎ去ろうとしない近代』（山川出版社、一九九三年）。
（4）外村直彦『脱欧入近代』（溪水社、二〇〇三年）。

著者紹介

外村直彦（とのむら・なおひこ）

1934年生まれ
東京大学文学部卒業
岡山大学名誉教授
比較文明史専攻

著書

①『日本文明の原構造』朝日出版社　1975年
②『多元文明史観』勁草書房　1991年
③『比較封建制論』勁草書房　1991年
④『添う文化と突く文化』淡交社　1994年
⑤『脱欧入近代』溪水社　2003年
⑥『八大文明』朝日出版社　2008年
⑦『Feudalism—A Comparative Study』訳者 R. A. Mintzer　朝日出版社　2011年
⑧『Eight Major Civilizations』訳者 J. Breaden　朝日出版社　2013年
⑨『仏教は日本にふさわしい宗教か』朝日出版社　2019年

仕事内容

外村直彦の仕事は次の６種類である。

1. マルクスのいう「アジア的生産様式」とは何かの問題を解決し、世界の大論争を終結させた（著書②）
2. 八つの大文明はそれぞれ各四五百年継続する四段階の歴史を持っている（著書⑥②）
3. 封建制の定義を明確にして世界の諸例を整序する（著書③⑥）
4. 二大造形様式の発見（著書⑨④①）
5. 近代はヨーロッパとは別物である（著書⑤⑥）
6. 仏教はもともと日本に適していないようだ（著書⑨）

仏教は日本にふさわしい宗教か

2019年9月30日　初版発行

著　者　外村直彦
発行者　原　雅久
発行所　株式会社　朝日出版社
101-0065 東京都千代田区西神田 3-3-5
電話（03）3263-3321（代表）
DTP：株式会社フォレスト
印刷：協友印刷株式会社

乱丁、落丁本はお取替えいたします。

ISBN978-4-255-01139-4 C0095